KB138784

성공한 실리콘밸리의 철학자,

나발 라비칸트의
부와 행복의 원칙

에릭 조겐슨 엮음 │ 홍석윤 옮김 │ 잭 버처 그림

동아엠앤비

성공한 실리콘밸리의 철학자,
나발 라비칸트의 부와 행복의 원칙

초판 1쇄 발행 2024년 9월 10일

엮은이 에릭 조겐슨
옮긴이 홍석윤

편집 임은경
디자인 이승용

펴낸곳 (주)동아엠앤비
출판등록 2014년 3월 28일(제25100-2014-000025호)
주소 (03972) 서울특별시 마포구 월드컵북로 22길 21, 2층
홈페이지 www.dongamnb.com
전화 (편집) 02-392-6901 (마케팅) 02-392-6900
팩스 02-392-6902
이메일 damnb0401@naver.com
SNS

ISBN 979-11-6363-882-7 03320

※ 책 가격은 뒤표지에 있습니다.
※ 잘못된 책은 구입한 곳에서 바꿔 드립니다.

내게 모든 것을 주셨으면서도
항상 더 많은 것을 줄 방법을 찾으시는
부모님께 이 책을 바칩니다.

목차

1부 부에 대하여

부를 쌓는 방법

판단력을 키우는 방법

2부 행복에 대하여

일러두기

이 책은 전적으로 나발이 공유해 준 원고, 트위터(X), 대화록 등을 토대로 만든 이른바 나발 어록이다. 가급적 나발이 직접 말하는 방식으로 표현하고자 했지만, 다음 몇 가지 사항을 염두에 두고 편집하였다.

→ 모든 원고는 명확성과 간결성을 위해 여러 차례 편집되었다.
→ 모든 출처가 최초의 출처는 아니다(일부 발췌는 나발을 인용한 다른 작가의 것이다).
→ 모든 출처의 진위를 100% 확신할 수는 없다.
→ 개념과 해석은 시간, 매체, 맥락에 따라 달라질 수 있다.
→ 본문에서 나발의 말을 직접 인용하기 전에 기본 출처를 통해 정확한 문구를 확인하기를 바란다.
→ 본문을 융통성 있게 해석해 주기 바란다.

이 책의 모든 내용은 당연히 전후 맥락에서 파악되어야 한다. 모든 해석은 시간이 지나면서 바뀔 수 있기 때문이다. 융통성 있게 읽고 해석하길 바란다. 시기, 매체, 형식 및 맥락에 따라 원래 의도가 당신의 해석과 다를 수 있음을 이해해 주기 바란다.

인터뷰 내용은 가독성을 위해 일부 수정, 편집, 재배열, 재편집되었다. 그러나 나발의 생각을 그의 표현으로 전달하기 위해 최선을 다했다. 이 책의 모든 탁월함은 전적으로 나발의 공이며, 어떤 실수가 있다면 그것은 전적으로 나, 에릭의 몫이다.

트위터의 글들과 트위터스톰

트위터의 글들은 발췌문 같은 형식이지만 고유한 콘텐츠다. 중요한 산문의 아이디어를 요약하거나 강조하기 위해 트위터의 글들을 사용했다.

> 이런 형식은 트위터의 글을 인용한 것임을 나타낸다.

트위터스톰은 다음과 같은 형식으로 연결시켰다.

> 이것은 트위터스톰의 첫 번째 글이다.
>
> ↓
>
> 이것은 두 번째 글이다. 트위터스톰은 블로그 게시물과 유사하게 길게 연속되는 일련의 시리즈 게시물을 말한다.

명조 볼드체로 표시된 질문

인용된 질문 대부분은 작가 셰인 패리시Shane Parrish, 저널리스트 사라 레이시Sarah Lacy, 유명 팟 캐스터 조 로건Joe Rogan, 기업가이자 투자자 팀 페리스Tim Ferriss 같은 환상적인 창의적 인물들과의 인터뷰에서 발췌되었다. 단순성과 연속성을 위해 누가 인터뷰를 진행했는지는 구분하지 않았다.

설명이 없는 항목

이 책은 당신이 직접 모험을 선택하는 책이다. 관심 없는 항목은 건너뛰고 관심 있는 항목으로 이동하라.

검색해 보라

모르는 단어나 개념이 나오면 검색해 보라. 맥락을 더 알고 싶으면 계속 읽어 나가라. 책 뒷부분에 부록이 첨부되어 있다.

인용 부호

발췌문은 끝에 인용 부호(예: [1])를 표시해 놓았다. 독자들이 원활하게 읽을 수 있도록 맥락을 유지하기 위해 최선을 다했다. 출처는 부록에 첨부되어 있다. 여러 번 등장하는 출처도 있지만 순서대로 나오지는 않는다.

당신의 인생을 바꾸어 놓을 책

팀 페리스TIM FERRISS

친애하는 독자 여러분,

이런 글을 쓰는 것이 낯설게 느껴지는군요. 이미 수년 전에 다시는 서문 같은 걸 쓰지 않겠다고 다짐했기 때문이지요. 하지만 지금 이 책의 서문을 쓰는 것은 다음 세 가지 이유로 드문 예외에 해당한다고 할 수 있습니다.

첫째, 이 책의 무료 버전이 아무런 조건 없이 디지털/킨들/전자책 형식으로 세상에 제공되고 있기 때문이고, 둘째, 나발과 10년이 넘는 교분을 쌓아 오면서 누군가가 이런 책을 펴내 주기를 오랫동안 바랐기 때문이며, 셋째, 나발이 다음 자녀의 이름을 내 이름을 따서 '팀'이라고 붙여주기를 바라기 때문입니다(그가 원한다면 '팀보'Timbo라고 붙여도 좋습니다).

나발은 내가 만난 사람 중 가장 지혜로울 뿐만 아니라 가장 용감한 사람 중 한 명입니다. 그가 용감하다는 것은 '두 번 생각하지 않고 불 속으로 뛰어든다'라는 의미가 아니라 '두 번 생각한 다음 사람들이 잘못된 불에 초점을 맞추고 있음을 말해 주기' 때문이지요. 나발은 남들과 같이 생각하는 경우가 거의 없으며, 그의 삶, 라이프 스타일, 가족 간 역학 관계(family dynamics, 가족들 간의 상호 작용 패턴, 그들의 역할과 관계, 상호 작용을 형성하는 다양한 요인들), 스타트업에서 거둔 성공 등은 그가 다른 사람들과 다르게 일하기 위해 내린 의식적인 선택들이 반영된 것이라고 할 수 있습니다.

나발은 무뚝뚝하게 보이지만 오히려 그 점 때문에 내가 그를 사랑하고 존경합니다. 나발이 무슨 생각을 하는지 추측할 필요가 없으니까요. 겉 다르고 속 다른 대화나 애매모호함이 가득한 요즘 세상에서 나발의 모습은 큰 안도감을 줍니다.

우리는 여러 차례 식사도 같이하고 세계를 돌아다니며 함께 많은 거래를 했습니다. 나는 훌륭한 사람들을 많이 관찰해 왔는데, 나발도 그중 한 명입니다. 나는 여러 해 동안 좋을 때나 힘들 때나 호황기나 불황기에 그를 지켜보았으며, 이제 나발은 내가 가장 많은 조언을 구하는 사람 중 한 명입니다.

그는 스타트업과 엔젤 투자자들을 연결해 주는 온라인 플랫폼 회사인 엔젤리스트AngelList의 공동 창업자이자 경영자CEO이기도 합니다. 그는 이전에도 자동차와 부동산 거래 디지털 서비스를 제공하는 배스트닷컴Vast.com과 소비자 리뷰 사이트인 에피니언스Epinions를 공동 창업했으며, 에피니언스는 나중에 쇼핑닷컴에 인수되어 상장되기도 했지요(쇼핑닷컴은 다시 이베이에 의해 인수됨). 물론 그는 여전히 엔젤 투자자로 활동하며 트위터, 우버, 기업용 소셜 네트워크 서비스 야머(Yammer, 2012년 마이크로소프트가 인수하면서 마이크로소프트365에 편입됨)

등 여러 기업에 투자해 큰 성공을 거둔 바 있습니다.

이 모든 사실 자체가 대단할 뿐 아니라 나발이 그저 책상에만 앉아 있는 철학자가 아니라 세계적 수준의 사업가임을 보여주는 것이지요. 하지만 내가 그의 관점, 격언, 생각을 진지하게 받아들이는 이유는 단지 비즈니스 차원 때문만은 아닙니다. 세상에는 불쌍한 '성공자들'이 많지요. 그러므로 무조건 그들을 따라 해서는 안 됩니다. 본받지 못할 부분은 구분해야 하지요.

내가 나발을 진지하게 받아들이는 이유는 다음과 같습니다:
→ 거의 모든 것에 대해 의문을 제기한다.
→ 기본 원칙부터 생각할 수 있다.
→ 매사에 검사를 잘한다.
→ 자신을 기만하지 않는다.
→ 규칙적으로 마음을 전환한다.
→ 많이 웃는다.
→ 종합적으로 생각한다.
→ 장기적으로 생각한다.
→ 그리고…… 자신을 그리 대단하게 여기지 않는다.

사실 마지막 항목이 가장 중요하지요.

이 책은 나발의 머릿속에 얼마나 다양한 교훈들이 들어 있는지를 온전하게 보여줄 것입니다.

그러나 주의가 필요합니다. 당신의 삶을 자세히 살펴보고 스트레스 테스트를 한 후에도 그의 교훈이 여전히 마음에 남는다면, 나발의 말을 단순히 앵무새처럼 흉내 낼 게 아니라 그의 조언을 진지하게 따라야 합니다. 고려할 만한 것은 모두 받아들이되 어떤 것도 절대적이지 않다는 것을 꼭 기억하세요. 나발은 당신이 최고의 기량을 발휘해 자신에게 도전하기를 바랄 것입니다.

나발은 내 인생을 더 나은 방향으로 바꾸어 놓았습니다. 당신도 친절하면서 매우 유능한 스파링 파트너를 대하듯 이 책을 읽어 나간다면, 그가 당신의 인생도 바꾸어 놓을 것입니다.

이제 두 손을 번쩍 들고 마음을 열어보세요.

즐겁고 행복한 인생이 되길 바라며,

텍사스주 오스틴에서

엮은이의 말

나발은 살아오면서 자신의 지혜를 아낌없이 다른 사람들과 공유한 까닭에 부를 쌓고 행복하게 사는 방법에 대한 그의 조언을 따르는 사람들이 전 세계에 걸쳐 수백만 명에 이른다.

나발 라비칸트Naval Ravikant는 실리콘 밸리와 전 세계 스타트업 문화의 아이콘이다. 그는 성공적인 회사를 몇 개나 설립했을 뿐만 아니라(2000년 닷컴 붕괴 당시 에피니언스, 2010년에 엔젤리스트), 우버, 트위터, 음식 배달 회사 포스트메이츠Postmates 등 수많은 회사에 초기 투자한 엔젤 투자자이기도 하다.

그러나 나발이 전 세계 독자들과 청취자들의 관심을 끄는 인물이 된 것은 그의 재정적 성공보다는 자신의 삶과 행복에 대한 철학을 사람들과 공유하고 있기 때문이다. 성공과 행복의 조합이라는 매우 드문 사례를 몸소 보여줌으로써 사람들로부터 널리 추앙받고 있다. 그는 평생 철학, 경제학, 부 창출을 연구하고 실제 삶에 적용하면서 자신의 원칙이 삶에 얼마나 큰 영향을 미치는지를 입증했다.

오늘날까지도 나발은 건강하고 평화롭고 균형 잡힌 삶을 유지하면서 자신만의 예술적 경지에서 회사를 설립하고 투자해 나가고 있다. 이 책은 그가 우리에게 알려준 지혜의 조각들을 모아 정리한 것으로, 어떻게 하면 우리도 그 지혜를 성취할 수 있는지를 보여줄 것이다.

나발의 삶에 관한 이야기는 매우 교훈적이다. 자기성찰적인 창업자로서, 독학한 투자자로서, 그리고 자본가, 엔지니어로서의 삶은 우리 모두에게 많은 것을 가르쳐 준다. 진실을 말하는 것을 두려워하지 않는 원칙주의 사상가로서 나발의 사상은 매우 특별할 뿐 아니라 우리의 생각을 촉진한다. 삶의 허식을 꿰뚫고 진면을 들여다보는 그의 본능은 세상을 보는 나의 방식을 바꾸어 놓았다.

나는 나발에게서 많은 것을 배웠다. 부와 행복에 대한 그의 원칙을 읽고 듣고 내 삶에 적용함으로써 내가 가는 길에 대해 자신감을 가질 수 있었고 내 삶의 여행 매 순간을 즐길 수 있었다. 나발의 삶의 궤적을 면밀히 연구하면서, 비록 작은 발걸음이라도 끈질기게 걷다 보면 얼마나 위대한 일이 성취될 수 있는지, 그리고 한 개인이 세상에 얼마나 큰 영향을 미칠 수 있는지도 알게 되었다.

나는 그의 책을 자주 보며 친구들에게도 기꺼이 추천한다. 그러면서 이 책을 써야겠다는 영감을 얻었다. 나발의 생각을 처음 접한 사람들이건 아니면 지난 10년 동안 그의 생각을 따른 사람들이건, 보다 많은 사람이 이 책을 통해 나발의 관점을 배울 수 있기를 바란다.

이 책은 지난 10년 동안 나발이 트위터, 블로그 게시물, 팟캐스트 등을 통해 자신의 말로 공유한 지혜를 모아 놓은 것이다. 그러므로 이 책을 읽으면 당신은 불과 몇 시간 만에 평생의 자산이 될 혜택을 누리게 될 것이다.

나는 이 책이 보다 많은 사람에게 나발의 생각을 소개하는 역할을 하길 바란다. 트위터, 팟캐스트, 인터뷰 같은 것은 금방 묻히고 사라진다. 하지만 나발의 말처럼 가치 있는 지식은 더 영구적이고 접근할 수 있는 형식으로 보존되어야 한다. 그것이 이 책을 엮으면서 내가 품었던 사명이다.

그러기 위해 가장 강력하고 유용한 나발의 말과 글들을 모아서 한눈에 읽을 수 있고 쉽게 참조할 수 있도록 몇 개의 섹션으로 구성하였다.

나는 어느 기업의 주식에 투자하기 전에 또는 기분이 좋지 않을 때면 이 책을 찾아보기도 한다. 이 책을 엮으면서 내 삶도 크게 바뀌었다. 지금 나는 내 삶의 모든 측면에서 명확성과 자신감, 그리고 평화를 더 많이 느낀다. 이 책을 읽는 여러분도 그런 효과가 생기기를 바란다.

이 책은 특정 주제에 대해 읽고 상담할 수 있는 가이드가 되도록 편집되었다. 나발이 당신의 이메일에 답신을 보내지 않았다면, 이 책이 당신에게 차선책이 될 수 있기를 바란다.

이 책은 나발이 누구인지 알 수 있는 소개서인 동시에 그가 가장 많이 탐구한 두 가지 주제인 '부와 행복'을 심도 있게 다루고 있다. 그러나 나발이라는 인물과 그의 다른 사상을 더 깊이 살펴보고 싶다면 이 책 마지막 부분에 있는 부록을 참고하길 바란다. 이 책의 최종 편집 과정에서 실리지 않은 여러 장(章)과 그 외 다른 중요한 출처들을 확인할 수 있다.

건투를 빌며
에릭

나발 라비칸트 연혁

1974 인도 델리에서 출생

1985, 10세 - 뉴델리에서 뉴욕시 퀸즈로 이주

1989, 14세 - 스타이브슨 고등학교 입학

1995, 20세 - 다트머스 대학 졸업(컴퓨터 공학과 경제학 전공)

1999, 24세 - 에피니언스 창업 / 경영자CEO

2001, 26세 - 어거스트 캐피털 벤처 파트너

2003, 28세 - 배스트닷컴 창업

2005, 30세 - 실리콘 밸리에서 '방사능 진흙'이라는 별명을 얻음

(기업 합병과 관련된 소송으로 나발의 명성에 심각한 타격을 입은 바 있음)

2007, 32세 - 기업 인큐베이터를 표방한 소규모 VC 펀드 히트포즈Hit Forge 창업

2007, 32세 - 벤처핵스VentureHacks 블로그 개설

2010, 35세 - 엔젤리스트 창업

2010, 35세 - 우버에 투자

2012, 37세 - 잡스법(신생 기업들의 자금 조달을 용이하게 하여 일자리를 창출하기 위한 목적의

신생 기업 지원법) 통과를 위해 의회에 로비.

2018, 43세 - '올해의 엔젤 투자자'로 선정

나발 라비칸트의 말

내가 살아온 길

나는 한 부모 가정에서 자랐다. 어머니는 일과 학교를 병행하시면서 남동생과 나를 키우셨기 때문에 우리는 집 열쇠를 가지고 다녀야 했다. 우리 형제는 아주 어릴 때부터 자급자족하는 법을 배웠다. 어렵게 살았어도 우리만 어렵게 산 것은 아니었다. 오히려 그런 환경이 여러 면에서 내게 도움이 되었다.

우리는 가난한 이민자였다. 아버지는 미국에 오시기 전 인도에서 약사로 일하셨다. 하지만 미국에서 아버지의 학위가 인정되지 않았기 때문에 철물점에서 힘들게 일해야 했다. 알다시피 철물점 직원 일은 좋은 양육 환경이 될 수 없었고, 결국 우리 가족은 헤어지고 말았다.[47]

어머니는 고난 속에서도 한결같은 사랑을 조건 없이 베풀어 주셨다. 비록 살면서 가진 것 하나 없어도 조건 없이 당신을 사랑하는 사람 단 한 명만 있다면, 당신의 자존감에 놀라운 힘이 되어줄 것이다.[8]

우리가 사는 뉴욕의 동네는 그다지 안전한 곳이 아니었다. 그래서 나는 방과 후를 주로 도서관에서 보냈다. 학교가 끝나면 바로 도서관으로 가서 문을 닫을 때까지 머물다가 집으로 돌아오곤 했다. 그것이 나의 일상이었다.[8]

우리 가족은 내가 아주 어렸을 때 미국으로 이주했다. 나는 친구도 많이 없었고 자신감도 크게 떨어져 있었다. 그래서 책만 열심히 읽었는지도 모른다. 나의 유일한 진짜 친구는 책뿐이었다. 책이 최고의 친구가 될 수 있는 이유는 책을 읽으면 지난 수천 년간 최고 사상가들의 지혜를 배울 수 있기 때문이다.[8]

나의 첫 직장은 불법 케이터링 회사였다. 열다섯 살 때 밴 뒷좌석에 타고 인도 음식을 배달하기 시작했다. 물론 이보다 더 어렸을 때부터 신문 배달을 했고 구내식당에서 설거지 일도 했다.

나는 뉴욕시에서 '살아남기 위해 분투해야 하는' 무일푼 가정 출신의 전혀 알려지지 않은 아이에 불과했다. 그러다가 스타이브슨 고등학교 입학시험에 덜컥 합격했고 그것이 내 삶을 구했다. 스타이브슨 학생이 된 후 아이비리그 대학에 입학할 수 있었고 마침내 기술 분야에 진출하게 되었기 때문이다. 스타이브슨 고등학교 학생이 된다는 신분만으로 바로 사회로부터 인정받을 수 있는, 이른바 지식층으로 진입할 수 있는 특권을 부여받는 효과가 있었다. 단번에 블루칼라 층에서 화이트칼라 층으로 변신할 수 있는 것이다.[73]

다트머스 대학에서는 경제학과 컴퓨터 공학을 공부했다. 한때 경제학 박사가 되겠다고 생각하기도 했다.[8]

현재 나는 개인적으로 약 200개 회사에 투자하고 있는 투자자다. 그중 많은 회사의 고문이기도 하고 이사회 위원이기도 하다. 나는 또 암호화폐의 잠재력에도 깊은 관심이 있으므로 소규모 암호화폐 펀드의 파트너이기도 하다. 나는 항상 새로운 것을 찾는다. 그래서 항상 많은 부수적인 프로젝트를 가지고 있다.[4]

물론 나는 엔젤리스트의 창업자이자 이사회 의장이기도 하다.[4]

나는 가난하고 비참하게 태어났으나 지금의 나는 매우 부유하고 행복하다. 살아오면서 나는 소중한 교훈들을 배웠고 몇 가지 원칙을 세웠다. 세월이 흘러도 변하지 않는 방식으로 그것들을 설명함으로써 여러분도 그런 교훈과 원칙을 스스로 알아낼 수 있으면 좋겠다. 사실 내가 가르칠 수 있는 것은 아무것도 없다. 나는 단지 여러분에게 영감을 주고 여러분이 기억할 수 있도록 몇 가지 힌트를 줄 수 있을 뿐이다.[77]

생방송이나 트위터에서 나발을 만나보시라
2007년 5월 18일

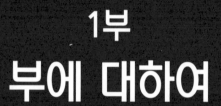

1부
부에 대하여

어떻게 하면 운이 좋지 않아도
부자가 될 수 있을까?

부를 쌓는 방법

> 돈을 번다는 것은
> 당신이 해야 할 어떤 일이 아니라
> 당신이 배워야 하는 기술이다.

부가 쌓이는 방법을 이해하라

비록 내가 가진 돈을 모두 잃어버리고 영어권 나라의 어느 길거리에 내팽개쳐진다 해도 5~10년 안에 다시 부자가 될 것이라고 믿고 싶다. 부자가 되는 것이야말로 내가 살아오면서 개발한 기술이고, 또한 누구나 개발할 수 있는 기술이기 때문이다.[78]

하지만 부자가 된다는 것과 열심히 일하는 것은 다른 문제다. 일주일에 80시간씩 식당에서 일한다고 해서 부자가 되는 것은 아니다. 부자가 되려면 무엇을 해야 하는지, 그 일을 누구와 함께해야 하는지 그리고 언제 해야 하는지 알아야 한다. 단지 열심히 일하기보다는 이런 것에 대해 이해하는 것이 훨씬 더 중요하다. 물론 열심히 일하는 것도 중요하며 그것을 무시할 수는 없다. 하지만 모든 일에는 올바른

나발 라비칸트의 부와 행복의 원칙

방향이 세워져야 한다.

당신이 아직 무엇을 해야 할지 모른다면, 우선 위에 말한 것을 먼저 이해하는 것이 가장 중요하다. 당신이 무엇에 집중해야 할지 알아내기 전까지는 굳이 힘든 일에 당신의 에너지를 소진할 필요는 없다.

나는 열서너 살쯤밖에 되지 않은 어린 나이 때부터 내가 집중해야 할 일(트위터에서 계속 강조해 온 일)에 대한 원칙을 생각해 냈다. 나는 그 원칙을 30년 동안 내 머릿속에 품고 그 원칙대로 살아왔다. 시간이 지나면서(슬픈 건지 다행스러운 건지 모르지만) 나는 기업들을 살펴보고, 기업들이 실제로 언제 부를 쌓는지 그리고 그들이 쌓은 부의 일부를 차지하기 위한 가장 좋은 때(maximum leverage point)가 언제인지 알아내는 일을 잘할 수 있게 되었다.

나는 이 일에 대해 내 트위터에 열심히 글을 연재했고 유명해졌다. 물론 이 모든 트위터의 글들은 한 시간 분량의 대화에 불과할 수 있지만, 당신에게도 좋은 출발점이 될 것이다. 나는 간결하면서도 정보가 풍부하고 어느 시대에서든 영양가 높은 글을 쓰려고 노력했다. 이 글들에는 많은 정보와 원칙이 담겨 있으니 이 내용을 잘 이해하고 10년 동안 열심히 노력한다면 당신도 원하는 것을 얻을 수 있을 것이다.[77]

(행운에 기대지 않고) 부자 되는 법:

↓

돈이나 지위가 아닌 부를 추구하라. 부는 당신이 잠자는 동안에도 자산을 벌어들인다. 반면 돈은 시간과 부를 전달하는 방법일 뿐이며 지위는 계층에서 당신의 위치를 나타내주는 것에 불과하다.

↓

윤리적인 방법으로 부를 쌓는 것이 가능하다는 것을 이해하라. 당신이 속으로 부를 경멸한다면 부도 당신을 피해 갈 것이다.

↓

지위를 쫓는 사람들을 상대하지 말라. 그들은 부를 쌓는 사람들을 공격함으로써 자신의 지위를 얻으려는 사람들이다.

↓

시간을 빌린다고 해서 부자가 될 수는 없다. 재정적 자유를 얻으려면 기업의 일부인 주식을 소유해야 한다.

↓

사회가 원하면서도 얻는 방법을 모르는 것을 당신이 제공할 수 있다면 부자가 될 것이다.

↓

장기적 안목을 가진 사람들과 장기적 게임을 할 수 있는 산업을 선택하라.

↓

인터넷 덕분에 찾을 수 있는 직업의 범위가 엄청나게 넓어졌다. 하지만 사람들 대부분이 이것을 아직 이해하지 못했다.

↓

반복되는 사업에 투자하라. 부든 관계든 지식이든 살면서 얻는 모든 수익은 복리에서 비롯된다.

↓

높은 지능과 에너지, 그리고 무엇보다 성실성을 갖춘 비즈니스 파트너를 선택하라.

↓

냉소주의자나 비관주의자와는 같이 일하지 마라. 그들의 믿음대로 될 수 있으니까.

↓

판매하는 법과 구축하는 법을 배워라. 두 가지를 다 할 수 있다면 누구도 당신을 막을 수 없을 것이다.

↓

특화된 지식, 책임, 영향력으로 무장하라.

↓

특화된 지식은 가만히 앉아서 저절로 배워지는 것이 아니다. 사회에서 어떤 지식을 누구나 배울 수 있다면 당신은 언제든 대체될 수 있을 것이다.

↓

특화된 지식은 지금 인기 있는 것이라기보다는 진정한 호기심과 열정을 추구해야만 찾을 수 있다.

↓

특화된 지식을 쌓는 것이 당신에게는 놀이처럼 느껴지지만, 다른 사람들에게는 일처럼 보일 것이다.

↓

특화된 지식은 학교가 아닌 실전 과정을 통해 배우는 지식이다.

↓

특화된 지식은 대개 고도로 기술적이거나 창의적이다. 따라서 쉽게 아웃소싱하거나 자동화할 수 없다.

↓

투자에 대한 책임을 인정하고 오직 자신의 이름으로 기업 위험을 감수하라. 그러면 이 사회가 책임감, 형평성, 영향력으로 당신에게 보상할 것이다.

↓

"나에게 충분히 긴 지렛대와 그것을 세울 자리만 준다면 지구도 들어 올릴 것이다." -아르키메데스

↓

부를 이루기 위해서는 지렛대가 필요하다. 기업의 지렛대는 자본과 인력, 재생산에 한계 비용이 들지 않는 제품(소프트웨어와 미디어)에서 비롯된다.

↓

자본은 곧 돈을 말한다. 돈을 조달하려면 책임감을 가지고 특화된 지식을 적용하고 궁극적으로 좋은 판단력을 보여 주어야 한다.

↓

노동은 곧 당신을 위해 일하는 사람들을 말한다. 노동은 가장 오래되고 가장 치열한 형태의 지렛대다. 노동 지렛대가 당신 부모님 세대에게는 깊은 감동을 주겠지만 당신은 그것을 쫓는 데 인생을 낭비해서는 안 된다.

↓

자본과 노동은 제공자의 허락을 받아야 하는 지렛대다. 모든 사람이 자본을 쫓지만 당신에게 자본을 제공하는 사람도 있다. 모든 사람이 당신을 이끌려고 노력하지만 당신을 따르는 사람도 있기 마련이다.

↓

소프트웨어와 미디어는 허락이 필요하지 않은 지렛대다. 신흥 부자들의 뒤에는 이런 지렛대가 있다. 그들은 잠자는 동안에도 자신을 위해 일하는 소프트웨어와 미디어를 만든다.

↓

로봇 군대는 원하면 언제든 사용할 수 있다. 열과 공간 효율성을 위해 데이터 센터에 보관되어 있을 뿐이다. 그들을 사용하라.

↓

코딩을 할 수 없다면 책과 블로그라도 쓰거나 비디오와 팟캐스트를 만들어라.

↓

지렛대는 당신의 판단력을 배가시킨다.

↓

올바른 판단력은 경험이 필요하지만 기초적인 기술을 배우면 더 빨리 구축할 수 있다.

↓

'비즈니스'라는 기술은 없다. 비즈니스는 잡지나 교실에서 배울 수 있는 게 아니다.

↓

미시경제학, 게임이론, 심리학, 설득력, 윤리학, 수학, 컴퓨터 등을 공부하라.

↓

듣는 것보다 읽는 것이 더 빠르고, 보는 것보다 실제 행하는 것이 더 빠르다.

↓

달력에 빼곡하게 일정을 써넣지 않더라도 한가하게 '커피를 마실' 수 없을 정도로 바빠야 한다.

↓

당신이 벌어야 한다고 생각하는 시급을 설정해 놓고 이를 실제로 적용하라. 어느 문제를 해결함으로써 얻는 이익이 시급만 못하다면 그 문제는 무시하라. 어느 일을 아웃소싱 하는 비용이 시급보다 적게 든다면 그 일은 아웃소싱 하라.

↓

할 수 있는 한 열심히 일하라. 하지만 얼마나 열심히 일하느냐보다 누구와 함께 일하는지, 무슨 일을 하는지가 더 중요하다.

↓

당신이 하는 일에서 세계 최고가 돼라. 그렇게 될 때까지 당신이 하는 일을 계속 재평가하라.

↓

남보다 빨리 부자가 되는 비결은 없다. 다만 당신의 부를 빼앗아 가는 사람만 있을 뿐이다.

↓

특화된 지식을 지렛대로 활용하면 마침내 원하는 것을 얻게 될 것이다.

↓

당신이 부자가 되고 나면 비로소 그것이 당신이 애초에 추구하던 것이 아니었음을 깨닫게 될 것이다. 하지만 언젠가는 그 부가 필요한 날이 있을 것이다.[11]

요약: 당신 자신을 상품화하라

'당신 자신을 상품화하라'는 말의 의미가 무엇인가요?

'상품화'라는 말과 '당신 자신'이라는 말에 주목하라. '당신 자신'은 '당신만'이라는 특별한 의미가 있고, '상품화'는 지렛대의 의미를 지닌다. '당신 자신'이라는 말에는 책임감이 담겼고 '상품화'라는 말에는 특화된 지식이 담겼다. 물론 '당신 자신'이라는 말에도 특화된 지식이 담겼다. 따라서 이 두 단어에는 책임감과 특화된 지식이 모두 결합하여 있다고 볼 수 있다.

당신이 부자가 되겠다는 장기적 목표를 품고 있다면 스스로에게 물어보라.

"이 목표는 내게 얼마나 진실성이 있는가? 내가 투영하고 있는 것이 진정한 나 자신인가?", "나는 나 자신을 상품화하고 있는가? 나는 그 목표를 위해 나 자신을 확장하고 있는가? 확장을 위해 노동력, 자본, 소프트웨어, 미디어를 제대로 활용하고 있는가?" 이런 질문을 스스로에게 던짐으로써 목표를 편리하고 간단하게 기억할

수 있다.[78]

하지만 '자신을 상품화'하는 일은 쉽지 않다. 수십 년이 걸릴 수도 있다. 상품화를 실행하는 데 수십 년이 걸린다는 뜻이 아니라, 오직 당신만이 제공할 수 있는 것을 찾는 데만 해도 그만큼의 시간이 걸릴 수 있다는 말이다.[10]

부와 돈의 차이는 무엇입니까?

돈은 부를 이전하는 방법이자 사회적 신용이다. 돈은 또 다른 사람의 시간에 대해 신용을 부여하거나 빌려 쓸 수 있는 능력이다.

내가 일을 제대로 해서 사회를 위한 가치를 창출한다면 사회는 내게 말할 것이다. "아, 고마워요. 우리는 당신이 과거에 한 일에 대해 미래에 빚을 지고 있는 셈입니다. 여기 차용증이 있습니다. 그것을 돈이라고 부르기로 해요."[78]

반면 부는 당신이 원하는 것이다. 부는 당신이 잠자는 동안에도 돈을 벌어들이는 자산이다. 부는 공장이 될 수도 있고, 물건을 만들어 내는 로봇이 될 수도 있다. 또 밤에 실행되어 다른 고객에게 서비스를 제공하는 컴퓨터 프로그램이라고 할 수 있다. 또한 은행에 예치되어 다른 자산이나 다른 사업에 재투자되는 예금도 부다.

주택도 임대할 수 있으므로 부의 한 형태가 될 수 있다. 물론 기업의 토지 활용보다는 생산성이 낮을 수도 있지만 말이다. 그러나 내가 정의하는 부는 우리가 잠자는 동안에도 돈을 벌어들이는 사업과 자산 그 이상의 의미를 지닌다.[78]

> 기술은 소비의 민주화를 가져오기도 하지만 생산을 통합하기도 한다. 어느 분야에서든 그 분야 세계 최고의 인물은 인류를 위해 그런 일을 한다.

사회는 사회가 원하는 것을 당신이 창조한 대가로 당신에게 돈을 지급할 것이다. 하지만 사회는 그런 것을 어떻게 만드는지 아직 모른다. 만약 사회가 그것을 안다면 당신을 필요로 하지 않을 것이다. 당신은 이미 쫓겨났을지도 모른다.

당신의 집, 직장, 거리에 있는 거의 모든 것이 한때는 기술이었다. 석유 사업가 J.D.록펠러J.D. Rockefeller를 부자로 만든 기술이었던 시절이 있었다. 자동차왕 헨리 포드Henry Ford를 부자로 만든 기술이었던 시절도 있었다.

미국의 컴퓨터 과학자 엘런 케이Alan Kay의 말대로, 기술은 아직 제대로 선보이지 않은 일련의 것들(대니 힐리스Danny Hillis가 일부 수정)을 말한다. 일단 세상에 선보인 후에는 더이상 기술이 아니다. 사회는 항상 새로운 것을 원한다. 따라서 당신이 부자가 되고 싶다면, 당신은 사회가 원하나 아직 얻는 방법을 모르는 것 중에서 당신이 제공할 수 있는 것이 무엇인지, 그것을 제공하는 것이 당신의 기술 범위와 능력 내에서 자연스러운 일인지 알고 싶을 것이다.

그런 다음에는 그것을 확장하는 방법을 찾아야 한다. 하나만 구축하는 것으로는 충분하지 않기 때문이다. 모든 사람이 하나씩 가질 수 있도록 수천, 수십만, 수백만, 수십억 개를 만들어야 한다. 스티브 잡스(와 그의 팀)는 사회가 스마트폰을 원하리라는 걸 알아냈다. 주머니에 들어갈 수 있는 그 컴퓨터는 기존의 전화기보다 기능이 100배가 넘을 뿐만 아니라 사용하기도 쉬웠다. 그래서 그들은 스마트폰을 만드는 방법을 알아낸 다음 확장하는 방법까지 알아냈다.[78]

당신이 하는 일에서 세계 최고가 돼라.

그렇게 될 때까지 당신이 하는 일을 계속 재평가하라.

특화된 지식을 찾아 쌓아라

판매 기술도 특화된 지식의 한 형태다.

판매에는 '자연스러움' 같은 것이 있다. 스타트업이나 벤처 캐피털에서도 이런 상황을 항상 접하게 된다. 판매를 자연스럽게 하는 사람을 만나면 그 사람이 정말 대단하다는 걸 알 수 있다. 그들은 자신이 하는 일을 정말 잘한다. 그것이 바로 특화된 지식의 한 형태이기 때문이다.

그들도 분명히 어딘가에서 판매 기술을 배웠겠지만 적어도 교실 환경에서 배운 것은 아니다. 아마도 어린 시절 학교 운동장에서 배웠거나 부모와 협상하면서 그 방법을 배웠을 것이다. 어쩌면 어느 정도는 유전적 구성요소일 수도 있다.

그러나 다행히 당신은 판매 기술을 향상시킬 수 있다. 영향력 및 설득에 관한 세계 최고의 전문가인 로버트 치알디니Robert Cialdini의 책을 읽을 수도 있고, 영업 교육 세미나에 참석할 수도 있고, 방문 판매를 통해서 배울 수도 있다(비록 이 방법은 힘들지만 아주 빠르게 훈련할 수 있을 것이다). 어쨌든 판매 능력을 확실히 향상시킬 수 있다는 것만은 분명하다.

> **특화된 지식은 가르칠 수는 없지만 배울 수는 있다.**

내가 당신의 특화된 지식이 무엇인지 안다고 말할 때, 그것은 당신이 어렸을 때나 십 대 때 무엇을 했는지 거의 쉽게 알아낼 수 있다는 뜻이다. 당신은 특별한 기술이라고 생각하지도 않았지만 주변 사람들이 알아차리는 것, 그것이 바로 특화된 지식이다. 당신의 어머니나 어렸을 때부터 가장 친하게 지낸 친구는 그것을 금방 알아차릴 것이다.

특화된 지식의 예는 다음과 같다:
→ 판매 기술
→ 어떤 악기도 잘 다룰 수 있는 음악적 재능
→ 집착하는 성격: 어떤 일이든 깊이 빠지고 빨리 기억해 낸다.
→ 공상 과학에 대한 애착: 공상 과학 소설을 읽는 것을 좋아한다. 즉 다양한 지식을 매우 빠르게 흡수한다는 의미다.
→ 게임을 많이 하기 때문에 게임이론을 잘 이해하고 있다.

나발 라비칸트의 부와 행복의 원칙

→ 남 얘기하는 것을 좋아하고 친구들 간의 관계를 파헤치는 것을 좋아한다. 당신은 매우 흥미로운 저널리스트가 될 수 있다.

특화된 지식은 유전자의 고유한 특성, 고유한 양육 방식, 그리고 그에 대한 당신의 반응이 교묘하게 조합된 것이다. 그것이 당신의 성격과 정체성에 거의 녹아들어 있다. 그러면 당신은 그것을 계속 연마하게 된다.

> 당신 자신의 삶을 사는 일에 한해서는 누구도 당신과 경쟁할 수 없다.
>
> 인생의 대부분은 당신에게 가장 필요한 사람과 가장 필요한 것을 찾는 일이다.

예를 들어, 나는 책 읽는 것을 좋아하고 기술을 좋아한다. 나는 매우 빨리 배우지만 싫증도 빨리 낸다. 내가 같은 주제를 20년 동안 연구해야 하는 직업을 가졌다면 제대로 잘 해낼 수 없었을 것이다. 나는 벤처 투자에 종사하고 있는데, 이를 위해서는 새로운 기술에 아주 빠르게 적응해야 한다(그리고 새로운 기술이 계속 등장하기 때문에 빨리 지루해하는 것에 대한 보상을 받는다). 내 일은 나의 특화된 지식과 기술에 아주 잘 맞는다.[10]

나는 과학자가 되고 싶었다. 나의 도덕적 위계질서의 많은 부분은 과학이 차지한다. 나는 과학자들이 인류의 생산 사슬(Production chain, 일련의 생산 과정에 의해 서로 관련된 사람과 기업들로 구성된 시스템)의 최상위에 있다고 본다. 인류 역사에서 진정한 돌파구를 열고 많은 공헌을 한

과학자들이야말로 다른 어떤 계층의 인간들보다 인간 사회에 더 많은 것을 가져다준 사람들일 것이다. 예술이나 정치, 공학, 비즈니스를 폄하하려는 것은 아니지만 과학이 없었다면 우리는 여전히 흙탕물 속에서 막대기를 들고 싸우거나 나무 꼬챙이로 불을 지피려 했을 것이다.

> 사회, 비즈니스, 돈 등은 기술의 결과물이며 기술 자체 또한 과학의 결과물이다. 생활에 응용된 과학이야말로 인류의 원동력이다.
>
> 결론: 응용과학자들은 세계에서 가장 강력한 사람들이다. 이는 앞으로 더욱 분명해질 것이다.

나의 모든 가치관은 과학자 중심이라 나는 훌륭한 과학자가 되고 싶었다. 하지만 실제로 내가 특별히 잘하는 일과 많은 시간을 보낸 일이 무엇이었는지 되돌아보면, 사실 나는 주로 돈을 벌고, 기술을 다루고, 사람들에게 물건을 파는 일에 더 가까운 것 같다. 바로 무엇인가를 설명하고 사람들과 이야기를 나누는 일 말이다.

나는 특화된 지식의 한 형태인 판매 기술을 어느 정도 가지고 있는 것 같다. 또 돈을 버는 방법에 대한 분석 능력을 갖췄다. 그리고 필요한 데이터를 찾아내 그것에 몰두하며 분석하는 능력도 있다. 이런 것들이 바로 내가 가지고 있는 특화된 기술이다. 나는 또 기술을 다루는 것을 좋아한다. 이렇게 활동하는 것이 내게는 놀이처럼 느껴지지만 다른 사람들에게는 일처럼 보일 수도 있다.

실제로 이런 일을 어려워하는 사람들이 있다. 그런 사람들은 "어떻게 하면 생각을 간결하게 정리하고 판매하는 일을 잘할 수 있을까?"라고 말한다. 당신이 아직 그런 일에 능숙하지 않거나 별로 좋아하지 않는다면 아마도 그것은 당신의 일이 아닐 수 있으니 당신이 정말로 좋아하는 일에 집중하라.

나의 특화된 지식을 가장 먼저 알아챈 사람은 어머니였다. 내가 15세인지 16세 때 어머니는 부엌에서 일하시면서 내가 친구와 하는 이야기를 듣고 계셨다. 내가 친구에게 천체물리학자가 되고 싶다고 말하고 있었는데, 어머니가 "아니야, 넌 사업을 하게 될 거야."라고 말씀하셨다. 나는 바로 대꾸했다. "내가 사업을 하게 될 거라고요? 나는 천체물리학자가 될 거예요. 엄마는 사업가가 뭔지도 모르면서." 하지만 어머니는 사업가가 무슨 일을 하는 사람인지 정확히 알고 계셨다.[78]

타고난 재능과 순수한 호기심, 열정을 추구할 때 특화된 지식이 훨씬 더 많이 발견된다. 우리가 학교에서 교육받는다고 해서 가장 인기 있는 직업을 갖는 것도 아니고, 투자자들이 가장 인기 있다고 말하는 분야로 나갈 수 있는 것도 아니다. 그런 것들은 학교에서 배울 수 없다.

특화된 지식은 때로는 뒤늦게 밝혀지기도 하고 때로는 정말 알아내기 어려울 때도 있다. 하지만 당신이 그것을 찾아 100% 몰입하지 않는다면, 그것에 100% 몰입하는 다른 누군가가 당신보다 더 나은 성과를 내게 될 것이다. 어쩌면 그들은 당신보다 훨씬 더 뛰어난 성과를 낼 수도 있다. 특화된 지식을 발견하면 발상의 영역을 활용하게 되고 그러면 복리 이자가 적용되듯 지렛대가 적용되기

때문이다.[78]

> 인터넷 덕분에 찾을 수 있는 직업의 범위가 엄청나게 넓어졌다. 하지만 사람들은 대부분 아직 이것을 이해하지 못했다.

인터넷에 접속하면 당신의 소구 대상(audience)을 얼마든지 찾을 수 있다. 그리고 인터넷으로 자신을 독특하게 표현하는 것만으로도 비즈니스를 구축하고, 제품을 만들고, 부를 쌓고, 사람들을 행복하게 만들 수 있다.[78]

당신이 확장에 가장 적합한 사람이라면 인터넷을 통해 어떤 틈새 시장도 찾아낼 수 있다. 더 좋은 소식은 모든 인간은 각기 다르기 때문에 자기 자신다운 일을 하는 데에는 자기가 최고다.

내가 쓴 또 다른 트위터 글은 매우 간단하지만 곱씹어 볼 가치가 있다(하지만 '부자가 되는 방법' 시리즈에는 포함하지 않았다). 바로 "자신만의 정체성을 통해 경쟁에서 탈피하라."는 것이다. 기본적으로 남들과 경쟁할 때 그들을 따라 하기 마련이다. 그들과 똑같은 일을 하려고 하기 때문이다. 하지만 인간은 모두 다르다. 남들처럼 하려고 하지 마라.[78]

근본적으로 당신의 정체성을 확장하는 무언가를 구축하고 마케팅한다면, 그 분야에 관해서는 그 누구도 당신과 경쟁할 수 없다. 최고의 인기를 구가하는 팟캐스터 조 로건Joe Rogan이나 인기 작가이자 만화가인 스콧 애덤스Scott Adams 같은 사람들과 누가 경쟁하려 하겠는가? 그것은 거의 불가능하다. 어느 누가 스콧보다 딜버트

Dilbert(스콧 만화의 등장인물)라는 인물을 더 잘 표현하겠는가? 없다. 어느 누가 빌 워터슨Bill Watterson과 경쟁해서 〈캘빈과 홉스〉(Calvin and Hobbes, 워터슨의 신문 연재 만화)를 더 잘 그릴 수 있을까? 없다. 그들만이 자신의 작품을 창작할 수 있다.[78]

> 최고의 직업은 명령에 따라 만들어지는 것도 아니고 학위도 필요 없다.
> 자유 시장에서 지속적인 학습자들에 의해 창의적으로 만들어진다.

부자가 되기 위한 가장 중요한 기술은 끊임없는 학습자가 되는 것이다. 배우고 싶은 것이 무엇이든 배우는 방법을 알아내라. 돈을 벌기 위한 옛날 방식은 4년 동안 대학에 다니고, 학위를 받고, 30년 동안 전문직에 종사하는 것이었다. 하지만 상황은 빠르게 변했다. 이제 9개월 이내에 새로운 직업에 적응해야 한다. 4년이 지나면 아무 쓸모가 없어지기 때문이다. 하지만 당신이 3년을 생산적으로 보내면 당신은 큰 부자가 될 수 있다.

오늘날에는 오래전에 '옳았던 것'을 공부하는 것보다 9개월에서 12개월 안에 새로운 분야의 전문가가 되는 것이 훨씬 더 중요하다. 당신이 기초를 열심히 닦았다면 어떤 책도 두려워할 필요가 없다. 도서관에 갔는데 이해할 수 없는 책이 있다면, "내가 이 책을 배우려면 어떤 기초가 필요한가?"라고 자문해 보아야 한다. 기초가 매우 중요하다.[74]

기본적인 산술과 수리 능력이 어려운 미적분보다 인생에서 훨씬 더 중요하다. 평범한 영어 단어를 사용하여 자신을 전달할 수 있는 능력이 전문적인 시를 쓰는 능력, 광범위한 어휘를 구사하는 능력, 7가지 외국어를 구사하는 능력보다 훨씬 더 중요하다.

마찬가지로 설득력 있게 말하는 방법을 아는 것이 전문 디지털 마케터나 몇 번의 클릭으로 컴퓨터를 빠르게 다룰 수 있는 전문가가 되는 것보다 훨씬 더 중요하다. 기초가 핵심이다. 사물에 아주 깊이 들어가려고 노력하는 것보다 기초 실력을 완벽하게 갖추는 것이 훨씬 낫다.

물론 어떤 일에는 깊이 들어갈 필요가 있다. 그렇지 않으면 넓기만 하고 얕은 삶이 되어 인생에서 원하는 것을 얻지 못할 수 있다. 하지만 우리는 한 두 가지 일에서만 숙달할 수 있다. 그것은 대개 당신이 집착하는 일이다.[74]

장기적인 게임을 하라

나발 라비칸트의 부와 행복의 원칙

장기적 안목을 가진 사람들과 장기적 게임을 하라

당신은 "부, 관계, 지식 등 인생의 모든 결과물은 복리에서 나온다"라고 말했습니다. 하지만 복리 이자를 받고 있는지 어떻게 알 수 있나요?"

복리는 매우 강력한 개념이다. 복리는 단지 자본에만 작용하는 것이 아니다. 복리로 자본을 늘리는 것은 시작에 불과하다.

비즈니스 관계에서 복리로 늘어나는 것은 매우 중요하다. 어떤 인물이 왜 공기업의 경영자가 되었는지, 혹은 수십억 달러를 운영하는 자리에 앉게 되었는지 등, 사회에서 가장 중요한 역할을 하는 사람을 살펴보라. 바로 사람들이 그들을 신뢰하기 때문이다. 그들은 자신들이 구축한 관계와 수행한 작업을 복리로 성장시켰기 때문에 신뢰를 받는다. 자신이 몸담은 회사에 전념했을 뿐만 아니라 눈에 띄고 책임감 있는 방식으로 높은 성실성을 보여주었다.

당신의 평판에 대해서도 복리가 발생한다. 당신이 훌륭한 평판을 가졌고 그것을 수십 년 동안 계속 쌓아왔다면 사람들은 당신이 어떤 사람인지 금방 알아차릴 것이다. 예를 들어 재능은 뛰어난데도 그런 평판을 계속 복리로 유지하지 않은 다른 사람보다 당신의 평판이 말 그대로 수천 또는 수만 배 더 가치 있게 평가될 것이다.

이는 당신이 개인적으로 다른 사람과 함께 일할 때도 마찬가지다. 당신이 누군가와 5년이나 10년 동안 함께 일해오면서 여전히 그 사람과 함께 일하는 것을 즐긴다면, 당신은 분명히 그 사람을 신뢰하고 있는 것이며 그의 작은 결점들은 보이지 않을 것이다. 비즈니스 관계의 모든 일반적인 협상은 서로를 신뢰하기만 하면 매우 간단히 좋은 결과를 낼 것이다. 당신은 상대방과 좋은 관계가 좋은 결과를 낳으리라는 것을 이미 알기 때문이다.

내가 즐겨 거래하는 실리콘 밸리의 또 다른 엔젤 일라드 길Elad Gil을 예로 들어보겠다.

나는 일라드와 함께 일하는 것을 좋아한다. 그와 거래하면 내게 더 많은 이익을 제공하기 위해 일라드가 최선의 노력을 다할 것임을 알고 있기 때문이다. 그는 어느 투자처에서든 추가 이익이 발생하면 항상 내게 유리하게 일을 마무리 짓는다. 지불해야 할 비용이 생겨도 자기가 부담하고 내게는 언급조차 하지 않는다. 일라드가 최선을 다해 내게 너무 잘 대해 주기 때문에 나는 내가 체결하는 모든 거래를 그에게 보낸다. 그리고 내가 하는 모든 일에 그를 포함하려고 노력한다. 물론 나도 충분한 대가를 지불하려고 노력한다. 우리 사이의 관계를 복리로 만드는 것은 매우 소중한 일이다.[10]

> 의도는 중요하지 않다. 그보다는 행동이 더 중요하다. 그래서 윤리적으로 행동하기가 늘 어려운 것이다.

당신이 해야 할 옳은 일을 찾거나 함께 일할 올바른 사람을 찾으면 크게 투자하라. 이 원칙을 수십 년 동안 고수하는 것만으로도 인간관계와 돈에서 큰 이익을 얻을 수 있다. 그래서 복리가 매우 중요하다는 것이다.[10]

노력의 99퍼센트는 낭비된다.

　모든 것은 학습의 과정이기 때문에 완전히 낭비되는 것은 없다. 우리는 어느 것으로부터도 배울 수 있다. 하지만 학교의 예를 들어보자. 우리가 힘들게 작성한 학기말 과제, 읽은 책, 반복한 연습, 열심히 배운 것 중 99퍼센트는 실생활에서 적용되지 않는다. 학교에서 읽은 지리와 역사는 한 번도 사용할 일이 없을지 모른다. 그렇게 열심히 배운 언어도 한 번도 쓰지 않을 수 있다. 머리에 수건을 싸매고 공부한 수학은 어쩌면 완전히 잊어버렸을지 모른다.

　물론 이 모든 것은 학습 경험이다. 그 과정에서 노력의 가치를 배웠을 것이다. 그것을 배우느라 온 정신을 집중시켰고 그렇게 배운 것 중 일부는 당신이 지금 하는 일의 일부가 되었을 수 있다. 하지만 목표 지향적 측면에서 본다면, 당신이 노력한 것의 약 1%만이 성과를 거두었을 뿐이다.

　이제 당신이 당신의 배우자를 만나기 전까지 데이트했던 모든 사람의 경우를 보자. 역시 목표 지향적 측면에서 보면 그 모든 것은 다 시간 낭비였다. 물론 학습 차원에서는 낭비가 아닐 수 있지만 목표 차원에서는 분명히 낭비된 시간이다.

　내가 이렇게 말한다고 해서 우리 인생의 99퍼센트가 낭비되고 단지 1퍼센트만이 쓸모 있다고 말하려는 것이 아니다. 내가 이렇게 말하는 이유는 우리가 하려는 대부분의 일(관계, 일, 심지어 배우는 일까지도)에 대해 매우 사려 깊게 생각해야 할 뿐만 아니라 복리를 얻기 위해 전력을 다할 수 있는 일을 찾아야 하기 때문이다.

이성과 연애를 하면서 이 관계가 결혼까지 이어지는 관계가 아닐 것이라는 생각이 드는 순간 당신은 그 사람에 대한 미련을 버려야 한다. 지리나 역사 수업 등을 공부하다가 그런 지식이 절대 사용할 일이 없는 것임을 깨달았다면 수업을 당장 취소하라. 그것은 시간 낭비이자 두뇌 에너지의 낭비다.

그렇다고 당신이 하는 일의 99퍼센트를 하지 말라는 말이 아니다. 정말로 필요한 1%가 무엇인지 알아내는 것은 매우 어렵기 때문이다. 내가 강조하는 바는, 당신이 받는 교육 중 어느 1퍼센트라도 절대 낭비되지 않고 남은 생애 동안 투자할 만큼 당신 자신에게 의미가 있다는 것을 발견하면, 그것에 전념하고 다른 것은 잊어버리라는 것이다.[10]

> 의도는 중요하지 않다.
>
> **그보다는 행동이 더 중요하다.** →

책임감을 가져라

> 책임을 받아들이고 당신의 이름으로 비즈니스 위험을 감수하라. 당신의 책임감에 대해 사회는 자본과 지렛대로 보상할 것이다.

부자가 되려면 지렛대가 필요하다. 그 지렛대는 노동의 형태로 오거나, 자본의 형태로 오거나, 또는 소프트웨어나 미디어를 통해 올 수도 있다. 그러나 노동이나 자본과 같은 지렛대 대부분은 다른 사람들이 당신에게 주어야 한다. 노동이라는 지렛대를 얻기 위해서는 당신을 따라오는 누군가가 있어야 하고, 자본이라는 지렛대는 당신에게 돈, 관리할 자산, 기계를 주는 누군가가 있어야 한다.

그래서 이런 지렛대를 얻으려면 당신의 이름으로 가능한 최대한의 신뢰를 쌓아야 하는데 여기에는 위험이 따른다. 책임은 양날의 검이다. 일이 잘되면 신뢰를 쌓고 공을 인정받지만, 상황이 나빠지면 실패에 직면할 수 있다.[78]

책임은 또 명확해야 한다. 책임이 없으면 인센티브도 없고, 신뢰를 쌓을 수도 없다. 하지만 위험을 감수해야 한다. 실패할 위험이 늘 도사리고 있기 때문이다. 굴욕을 당할 위험도 있다. 책임을 진다는 것은 자신의 이름으로 실패할 위험을 감수하는 것이다.

다행스럽게도 현대 사회에서는 채무자라고 해서 감옥에 가는 일은 없다. 남에게 빌린 돈을 잃었다고 해서 투옥되거나 처형되지는 않지만, 자신의 이름으로 무슨 일을 할 때는 공개적으로 실패하지 않아야 한다는 사회적 고정관념이 자리 잡고 있다. 하지만 자신의 이름으로 공개적 실패를 기꺼이 마다하지 않는 사람들은 그 과정을 통해 많은 힘을 얻게 될 것이다.

내 개인적인 일화를 하나 소개하자면 2013년, 2014년까지 나의 공식 직함은 오로지 스타트업과 투자에 관한 것이었다. 그러다가 2014년, 2015년경이 되어서야 철학과 심리학적인 것에 관해 이야기하는 등 범위를 더 넓혀가기 시작했다. 내 이름을 걸고 하는 일이라 좀 불안하기도 했다. 업계에는 "도대체 뭐 하는 거야? 그나마 하던 밥줄도 끊을 셈인가? 바보 같은 짓을 하고 있군."이라며 뒤에서 수군거리는 이들이 늘 있기 마련이다.

하지만 나는 멈추지 않고 계속해 나갔다. 위험을 감수한 것이다. 암호화폐도 마찬가지였다. 처음에는 위험을 감수해야 했다. 어떤 일을 할 때 우리가 우리 이름을 내세우면 위험을 감수하게 된다. 물론 잘 되면 보상을 받고 큰 이익을 얻을 수도 있다.[78]

옛날에는 배가 침몰하면 선장도 배와 함께 운명을 같이하는 것으로 여겨졌다. 배가 가라앉으면 선장은 마지막으로 내리는 사람이어야 했다. 그만큼 책임에는 위험이 따른다는 것을 보여주는 예다. 그렇다면 비즈니스 맥락에서는 어떨까?

비즈니스에서의 위험은 아마도 당신이 자본을 맨 마지막으로 회수하는 사람이어야 한다는 의미가 될 것이다. 또 투자한 시간에 대한 대가도 가장 마지막으로 받는 사람이어야 할 것이다. 그러므로 당신이 투자한 시간, 투자한 자본은 위험에 처해 있는 셈이다.[78]

그러나 현대 사회에서는 투자 손실 위험은 그다지 크지 않다는 점을 인식할 필요가 있다. 개인적으로 파산했다 하더라도 좋은 생태계에서는 빚을 청산할 수 있으니까 말이다.

나는 실리콘 밸리에 대해 익히 알고 있는데, 일반적으로 사람들은 정직하고 성실한 노력을 기울이는 사람의 실패는 용서하는 경향이 있다. 그러므로 실패에 관해 그다지 두려워하지 말고 더 많은

나발 라비칸트의 부와 행복의 원칙

책임을 기꺼이 감수하라.[78]

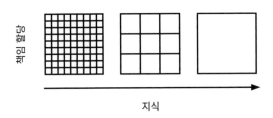

지식

회사의 주식을 매입해 지분을 확보하라

> 사업체를 소유하고 있지 않다면 재정적 자유를 향한 길로 들어서지 못한다.

기업 지분을 소유하는 것이 부자가 되는 데 왜 중요한가요?

이를 이해하기 위해서는 소유권 대 임금 노동의 차이를 이해해야 한다. 예를 들어 회사에 의해 고용되는 직업이 아닌 변호사나 의사도 시간을 빌려준 대가로 돈을 벌 수 있지만, 재정적 자유를 주는 돈을 버는 것이라고는 할 수 없다. 변호사나 의사의 소득은 휴가 중에도 회사가 수익을 창출하는 것 같은 불로소득을 만들어 내지는 못하기 때문이다.[10]

이것이 바로 소유권 대 임금 노동을 구분하는 아주 중요한 포인트 중 하나다. 사람들은 일을 통해 부를 창출할 수 있다고 생각하지만, 늘 그렇지만은 않다. 거기에는 여러 가지 이유가 있다.

소유권이 없으면 당신의 투자(시간이나 돈)와 결과물이 매우 밀접하게 비례한다. 급여를 받는 거의 모든 직업은(변호사나 의사처럼 시간당 높은 급여를 받는 직업이라도) 여전히 시간을 투자하고 투자한 시간당 급여를 받는다.

이처럼 소유권이 없으면 자고 있을 때는 돈을 벌 수 없다. 퇴직한 이후에도 돈을 벌 수 없고, 휴가 중에도 돈을 벌 수 없다. 이들은 투자한 시간만큼 선형적으로 돈을 벌 수 있을 뿐이다.

진짜 부자가 된 의사들도 자세히 살펴보면 자신의 사업체를 운영하고 있기 때문이다. 그들은 실제로 개인 사업을 한다. 개인 사업은 브랜드를 구축하고 브랜드는 사람들을 끌어들인다. 또는 지적 재산을 사용해 의료 기기, 절차, 프로세스 같은 것들을 구축하기도 한다.

본질적으로 당신이 다른 누군가를 위해 일하고 있다면 위험을 감수하고 책임, 지적 재산 및 브랜드를 가지고 있는 것도 당신이 아닌 바로 그 사람이다. 그들은 당신에게 충분한 돈을 지불하지 않는다. 그들은 당신이 그들을 위해 일할 수 있도록 최소한의 비용만 지급할 뿐이다. 물론 그 최소한의 금액이 높을 수는 있지만, 은퇴한 이후에도 계속 돈을 벌 수 있는 진정한 부는 여전히 아니다.[78]

회사의 지분을 소유하고 있다면 당신은 기본적으로 유리한 입장에 서 있다는 것을 의미한다. 반면 부채가 있다면 당신이 보장된

수익 흐름을 갖고 있어도 불리한 입장에 서 있는 것이다. 그러므로 당신은 지분을 보유해야 한다. 당신이 회사의 지분을 소유하지 않는다면 돈을 벌 가능성은 매우 희박하다.

회사의 지분을 소유할 수 있을 때까지 열심히 일하라. 주식을 매입하는 소액주주가 되어 지분을 소유할 수도 있고, 회사를 창업함으로써 회사의 소유자로서 지분을 소유할 수도 있다. 어떤 방식으로든 소유권을 갖는 것이 매우 중요하다.[10]

어느 시점에서 실제로 돈을 버는 사람은 모두 제품이나, 회사 또는 지적 재산권의 일부를 보유하고 있는 사람들이다. 당신이 기술 회사에서 일하고 있다면 스톡옵션을 통해 지분을 소유할 수_있다. 이는 처음 지분을 보유할 수 있는 좋은 방법이다.

그러나 일반적으로 부는 자신의 회사를 시작하거나 투자함으로써 창출된다. 투자 회사들도 주식을 매입한다. 그것이 부로 가는 길이기 때문이다. 부는 그저 시간이 지난다고 해서 오는 것이 아니다.

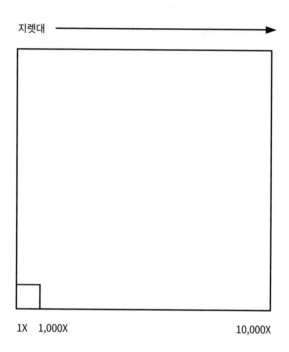

지렛대

1X 1,000X   10,000X

지렛대 놓을 위치를 찾아라

우리는 지렛대가 무한한 시대에 살고 있으며, 진정한 지적 호기심에 대한 경제적 보상은 그 어느 때보다 높다.[11] 진정한 지적 호기심을 따르는 것이 지금 당장 돈이 벌리고 있는 것을 따르는 것보다 앞으로의 경력 발전을 위한 더 나은 기반이 될 것이다.[11]

당신만이 알고 있거나 극히 적은 사람들만이 알고 있는 지식은 이상하게 들릴지 모르지만, 당신의 열정과 취미에서 나온다. 지적 호기심과 관련된 취미가 있다면 그런 열정을 키울 가능성이 더 높다.[1]

> 지금 당장은 재미있어도 곧 지루해지는 일은 그저 오락거리일 뿐이다. 다른 일을 계속 찾아보라.

나는 오직 일 그 자체만을 위한 일을 하고 싶다. 이것이 바로 예술을 정의하는 방법의 하나다. 사업이든 운동이든 로맨스든 우정이든 그 어떤 일이든, 인생의 의미는 그 일 자체를 위해 하는 것으로 생각한다. 아이러니하게도 그 일 자체를 위해 일할 때 최고의 작품이 탄생한다. 그것이 단지 돈을 벌려고 하는 일이라 하더라도, 그 일 자체를 위할 때 실제로 가장 성공할 가능성이 높다.

내가 가장 많은 부를 창출한 해에 실제로 나는 가장 열심히 일하지도 않았고 미래에 대해 그다지 관심을 두지도 않았다. 나는 오직 순수한 재미를 위해 일했을 뿐이었다.

당시 나는 늘 사람들에게 "나는 이미 은퇴했고 더이상 일을 하지 않습니다."라고 말하곤 했다. 그러고는 내 앞에 놓여 있는 가장 가치 있는 프로젝트를 수행하는 데에 시간을 보냈다. 나는 오직 일 그 자체를 위해 일하면서 그 일이 가장 잘되게끔 노력했다.[74]

우리가 어떤 일을 할 때, 그 일로부터 원하는 것이 적을수록, 또 그 일에 대해 생각을 적게 하고 집착이 적을수록, 그 일을 더 자연스럽게 할 수 있다. 그리고 오직 자신만을 위해 그 일을 하게 된다. 당신이 잘하는 방식으로 그 일에 전념하게 된다. 그러다 보면 주변 사람들도 당신이 더 품위 있게 일하고 있음을 알게 될 것이다.[1]

지금 '재미있는' 것보다 지적 호기심을 따라가라. 당신의 호기심이 사회가 궁극적으로 가고 싶어 하는 곳으로 당신을 인도한다면,

당신은 아주 높은 보상을 받게 될 것이다.[3]

당신은 사회가 다른 사람들을 훈련시키는 방법을 아직 모르는 기술을 가졌을 가능성이 있다. 그런데 누군가가 그 일을 하는 방법을 훈련시킬 수 있다면 그 사람이 당신을 대신할 수 있을 것이다. 누군가가 당신을 대체할 수 있다면 사회는 당신에게 많은 돈을 지급할 필요가 없다. 그렇다면 다른 사람들이 어떻게 해야 할지 아직 모르는 일을 하는 방법을 알아야 한다.[1]

> 사회가 당신에게 어떤 일을 하도록 훈련시킬 수 있다면, 결국에는 컴퓨터가 그 일을 하도록 훈련시킬 것이다.

당신은 사회가 원하지만, 얻는 방법을 모르는 것을 제공함으로써 사회로부터 보상을 받을 수 있다. 많은 사람이 학교에 가서 돈 버는 방법을 배울 수 있다고 생각하지만 실제로 '비즈니스'라는 기술은 없다.[1]

사회가 원하지만 아직 얻는 방법을 모르는 제품이나 서비스가 무엇인지 생각해 보라. 당신은 바로 그런 것들을 대량으로 제공할 수 있는 사람이 되어야 한다.

> 이제 문제는 '그것'이 무엇이든 그것에 대해 능숙해지는 것이다. 그것은 세대가 흐름에 따라 변화하지만 그중 대부분이 기술에서 발생한다.

당신은 세상에 무언가가 생기고 거기에는 기술이 필요하며 오직 당신만이 그 기술에 대한 자격을 갖추고 있는 순간을 기다려야 한다. 그동안 당신은 트위터, 유튜브 등에서 브랜드를 구축할 수도 있고 무료로 그것을 나누어 줄 수도 있다. 당신은 당신의 이름을 널리 알리고 그 과정에서 어느 정도의 위험을 감수할 수 있다. 그러나 기회를 향해 나아가야 할 때가 되면 지렛대(가능한 최대의 지렛대)를 사용하여 기회를 잡아라.[1]

지렛대에는 크게 세 가지 종류가 있다:

첫 번째 지렛대는 노동이다. 즉 다른 사람들이 당신을 위해 일하도록 하는 것이다. 이는 가장 오래된 형태의 지렛대이지만, 오늘날의 세계에서는 그다지 좋은 지렛대 유형은 아니다.[1] 심지어 나는 이것이 당신이 사용할 수 있는 최악의 지렛대 유형이라고 주장하곤 한다. 실제로 다른 사람을 관리하는 것은 매우 골치 아픈 일이다. 아주 뛰어난 리더십 능력이 필요하다. 때로는 폭도들의 반란으로 매우 위험한 상황에 처할 수 있다.[78]

두 번째 지렛대는 돈이다. 돈이 지렛대가 된다는 것은 당신이 의사 결정을 내릴 때마다 돈이 불어나는 것을 의미한다.[1] 자본은 좋은 지렛대지만 사용하기가 까다롭고 보다 현대적이다. 지난 한 세기 동안 많은 사람이 큰 부자가 되기 위해 돈이라는 지렛대를 사용했다. 아마도 지난 한 세기에서 가장 지배적인 형태의 지렛대일 것이다.

최고의 부자들을 보면 이를 잘 알 수 있다. 부패한 국가에서는 은행가, 정치인들이 돈을 찍어 내 많은 양의 돈을 유통시켰다. 기술 회사를 제외하면 상위권에 있는 대기업은 오래된 회사들로 이 회사의 경영자들은 실제로 돈을 운영하는 일을 한다. 돈은 확장도 아주 잘 된다. 자본 관리에 능숙해지면 많은 사람을 관리하는 것보다 많은 자본을 관리하기가 더 쉽다.[78]

마지막 지렛대는 전혀 새로운 유형, 즉 가장 민주적인 유형이다. 그것은 '**재생산에 한계 비용이 들지 않는 제품**'이다. 책, 미디어, 영화, 코딩(소프트웨어) 등이 여기에 속한다. 코딩은 아마도 제공자의 허락이 필요 없는 가장 강력한 유형의 지렛대일 것이다. 컴퓨터만 있으면 되고, 누구의 허락도 필요하지 않다.[1]

> 부자 대 가난한 자, 화이트칼라 대 블루칼라의 구분은 이제 잊어라. 이제는 지렛대가 있느냐 없느냐의 차이일 뿐이다.

가장 흥미롭고 중요한 지렛대 유형은 재생산에 한계 비용이 들지 않는 제품에 대한 아이디어다. 이것이 바로 새로운 유형의 지렛대다. 사실 이 지렛대는 지난 몇백 년 동안에 걸쳐 발명되었다. 아마도 인쇄기가 처음일 것이다. 그리고 방송 미디어를 통해 가속화되었으며 이제는 인터넷과 코딩으로 폭발적인 발전을 이루었다. 이제 우리는 굳이 다른 사람을 개입시키지 않고도, 또 다른 사람의 돈을 받지 않고도 우리의 노력을 배가시킬 수 있다.

이 책 또한 하나의 지렛대가 될 수 있다. 옛날에는 강의실에 앉아서 여러분 한 사람 한 사람에게 직접 강의해야 했다. 아마도 수백 명의 사람들에게 다가갔고, 그 외의 방법은 생각할 수 없었다.[78]

이 새로운 형태의 지렛대가 모든 새로운 부와 새로운 억만장자들을 만들어 낸다. 지난 세대의 부는 자본에 의해 이루어졌다. 워런 버핏Warren Buffetts 같은 자본가들만이 부자가 될 수 있었다.

그러나 이제 새로운 세대의 부는 모두 소프트웨어나 미디어를 통해 만들어진다. 조 로건은 자신의 팟캐스트를 통해 연간 5천만 달러에서 1억 달러를 벌어들인다. 스웨덴의 유명 유튜버 퓨디파이(PewDiePie, 채널 이름이기도 함. 본명은 펠릭스 아르비드 울프 셀베리Felix Arvid Ulf Kjellbergfh로 알려져 있음)도 마찬가지다. 그가 얼마나 많은 돈을 벌고 있는지는 모르지만, 그의 영향력은 뉴스보다 더 크다. 물론 아마존의 제프 베이조스Jeff Bezos, 메타의 마크 저커버그Mark Zuckerberg, 구글의 창업자 래리 페이지Larry Page와 세르게이 브린Sergey Brin, 마이크로소프트의 빌 게이츠Bill Gates, 애플의 스티브 잡스Steve Jobs 같은 인물들도 있다. 이들의 부는 모두 소프트웨어 기반 지렛대다.[78]

새로운 유형의 지렛대에 관해 염두에 두어야 할 가장 흥미로운 점은 제공자의 허락을 요구하지 않는다는 것이다. 그러니까 그것을 사용하기 위해 다른 사람의 허락이 필요하지 않다는 말이다. 노동이라는 지렛대를 사용하기 위해서는 노동을 제공하려는 사람이 당신을 따르기로 해야 한다. 자본이라는 지렛대를 사용하기 위해서는 누군가가 투자하거나 제품으로 전환할 수 있도록 돈을 제공해 주어야 한다.

그러나 코딩, 책 집필, 팟캐스트 녹음, 트위터에 글을 올리거나 유튜브 제작 같은 작업은 다른 사람의 하락이 필요하지 않다. 당신

이 이런 작업을 수행하는 데 누구의 허락도 필요하지 않으므로 매우 평등한 지렛대다.[78]

예를 들어, 소프트웨어 개발자는 코드를 작성하고 나서 잠자리에 들어도 그를 위해 일하는 로봇 군대를 보유하고 있는 셈이다. 코드가 혼자서 돌아가기 때문이다.[78]

> **시간을 빌려서는 부자가 될 수 없다.**

살면서 할 수 있을 때마다 돈보다는 독립성을 위해 자신을 최적화하라. 독립성을 유지하면서 노력에 대한 결과물에 책임을 진다면 그것이 바로 꿈을 이루는 길이다.[10]

인간은 본래 지렛대가 없는 사회에서 진화했다. 나무를 하거나 물을 나를 때, 그저 8시간을 투자하면 8시간의 생산량을 얻을 수 있다고 생각했을 뿐이다. 그러나 이제 우리는 자본, 협력, 기술, 생산성 등 모든 수단을 통해 지렛대를 발명했다.

오늘날 우리는 지렛대 시대에 살고 있다. 당신이 노동자라면, 많은 시간이나 육체적 노력을 들이지 않고도 가능한 큰 결과물을 만들어 낼 수 있는 지렛대를 사용할 수 있기를 원할 것이다.

지렛대를 사용하는 노동자는 지렛대를 사용하지 않는 노동자보다 1,000배 또는 1만 배 더 많이 생산할 수 있다. 지렛대를 사용하는 노동자에게는 얼마나 많은 시간을 투자했는지, 얼마나 열심히 일했는지보다 판단력이 훨씬 더 중요하다.

> 10배의 생산성을 내는 프로그래머는 잊어버려라. 1,000배의 생산성을 내는 프로그래머가 실제로 존재하지만 우리는 그것을 제대로 알지 못한다. 메타의 천재 프로그래머 존 카멕의 트위터 @ID_AA_Carmack, 스웨덴의 비디오 게임 프로그래머 마르쿠스 페르손Markus Persson의 트위터 @notch, 비트코인의 창시자 사토시 나카모토Satoshi Nakamoto 같은 사람을 보라.

예를 들어, 훌륭한 소프트웨어 엔지니어는 꼭 필요한 작은 코드 하나를 작성하거나 꼭 필요한 작은 응용 프로그램 하나를 만드는 것만으로도 회사에 5억 달러 상당의 가치를 창출해 줄 수 있다. 그러나 10배 열심히 일하는 엔지니어 10명이 있어도 잘못된 모델, 잘못된 제품을 선택하거나 잘못된 방식으로 코드를 쓰면 기본적으로 시간을 낭비할 뿐이다. 특히 지렛대를 사용하는 노동자는 투입한 노력과 결과물에 천지 차이를 가져올 것이다.

우리는 살면서 시간을 통제할 수 있기를 원한다. 그러므로 우리는 지렛대를 사용해 시간을 통제하고 결과를 추적할 수 있는 직업을 원한다. 당신이 사업의 방향을 바꿀 수 있는 놀라운 일을 한다면 회사는 당신에게 많은 돈을 지불해야 할 것이다. 특히 그 일이 당신의 기술이나 타고난 능력에 의한 것이라면, 회사는 당신이 그것을 어떻게 했는지 모를 것이므로 당신이 그 일을 계속하게끔 하기 위해 당신에게 계속 돈을 지불해야 할 것이다.

당신이 특화된 지식, 책임, 지렛대를 가지고 있다면 회사는 당신의 가치만큼 돈을 지불해야 한다. 회사가 당신의 가치만큼 돈을 지불한다면 당신은 시간을 되찾을 수도 있다. 그러면 당신의 효율은 엄청나게 높아질 것이다. 회의를 위한 회의를 할 필요도 없고, 다른 사람에게 좋은 인상을 주려고 할 필요도 없고, 일한 것처럼 보이려고 받아 적을 필요도 없다. 당신이 신경 쓸 일은 바로 일 자체일 뿐이다.

일 자체에만 집중하면 당신은 훨씬 더 생산적이고 더 효율적으로 될 것이다. 당신은 기분이 좋을 때, 즉 에너지가 높을 때만 일하면 되고, 에너지가 떨어져 있으면 굳이 일부러 일하려고 애쓸 필요가 없다. 시간을 되찾게 된다는 것은 바로 그런 의미다.

> 주 40시간 노동은 산업화 시대의 유물이다. 지식 근로자는 운동선수처럼 일한다. 즉 훈련하고 전력 질주한 다음 휴식을 취하고 재평가한다.

판매가 바로 그 예가 될 수 있다. 특히 고가 물건 판매일 경우 더욱 그렇다. 당신이 주택을 판매하는 부동산 중개인이라면 꼭 좋은 직업이라고만은 할 수 없다. 늘 많은 사람을 만나야 하기 때문이다. 그러나 당신이 일류 부동산 중개인이고 자신을 홍보하는 방법과 주택을 판매하는 방법을 잘 알고 있다면, 다른 중개인이 10만 달러짜리 아파트를 팔려고 애쓰는 동안 당신은 그 10분의 1 시간에 500만 달러짜리 맨션이나 아파트를 팔 수도 있을 것이다. 이런 측면에서 보면 부동산 중개인은 투입한 노력과 결과물이 일치되지 않는 직업이다.

어떤 제품이든 만들고 판매하는 데 이 설명은 그대로 적용된다.

하지만 판매가 아닌 다른 부문은 어떨까? 예를 들어 고객 서비스 같은 지원 업무는 이 설명이 맞지 않을 수도 있다. 불행하게도 고객 서비스에서는 투입된 노력과 결과물이 대개 서로 밀접하게 연관되므로(비례함으로) 투입되는 시간이 중요하다.[10]

도구와 지렛대를 사용함으로써 투입한 노력과 결과물이 크게 달라질 수 있다. 직업의 창의성 요소가 높을수록 투입한 노력과 결과물의 차이는 더 벌어질 가능성이 높다. 투입된 노력과 결과물이 밀접하게 연결된 직업을 살펴보면, 그 과정에서 부를 창출하고 당신이 부자가 되기는 매우 어렵다는 것을 알 수 있다.[78]

> 훌륭한 기술 회사의 일원이 되고 싶다면 판매하고 만드는 방법을 알아야 한다. 둘 중 하나라도 알지 못한다면 지금 당장 배워라.

판매하는 법과 만드는 법을 배워라. 당신이 두 가지를 다 할 수 있다면 누구도 당신을 막을 수 없을 것이다.

제품을 만들고 판매하는 것은 매우 광범위한 두 가지 범주다. 첫째는 제품을 만드는 것이다. 이는 매우 어렵고 여러 부문이 관련되어 있다. 여기에는 디자인, 개발도 포함되고, 제조, 물류, 조달 등 다양한 부문이 포함된다. 서비스를 설계하고 운영하는 것도 마찬가지다. 따라서 제품을 만든다는 것에는 아주 많은 정의가 들어 있다.

하지만 모든 산업에는 만드는 사람(builder)에 대한 정의가 다 정립되어 있다. 기술 산업에서는 이를 최고기술경영자(CTO), 프로그래머, 소프트웨어 엔지니어, 또는 하드웨어 엔지니어라고 부른다. 세탁 업계에서는 세탁 서비스를 만드는 사람, 세탁물이 정시에 세탁되도록 운영하는 사람, 모든 세탁물을 적시에 올바른 장소에 도착하도록 조절하는 사람 등이 될 것이다.

둘째는 판매다. 판매도 매우 광범위한 정의를 가진다. 판매라고 해서 꼭 개별 고객에게 직접 판매하는 것을 의미하는 것이 아니라, 마케팅이나 의사소통, 채용을 의미할 수도 있고, 돈을 모으는 것이나 사람들에게 영감을 주는 것, 홍보(PR)를 의미할 수도 있다. 이 모든 것이 판매라는 넓은 범주에 속한다.[78]

> 돈을 벌어다 주는 것은 막연한 시간이 아니라 우리가 세상을 보는 사고방식이다.

부동산 업계에 대해 좀 더 이야기해 보자. 부동산 업계 중 가장 열악한 직업은 집수리 노동을 하는 사람일 것이다. 당신의 사장이 일해야 할 누군가의 집으로 오전 8시까지 오라고 하면, 당신은 그곳으로 가서 집을 수리한다. 여기에는 어떤 지렛대도 없다. 당신은 어느 정도의 책임이 있는 것처럼 보이지만 실제로는 그렇지 않다. 고객에 대한 책임을 지는 것은 상사이기 때문이다. 또 당신은 어떤 특화된 지식도 갖고 있지 않다. 당신이 하는 일은 다른 많은 사람도 할 수 있는 노동이기 때문이다. 당신은 기술과 시간에 대한 최저 임금에 약간의 급여를 더 받을 뿐이다.

집수리 노동자 바로 상위 레벨은 집주인을 위해 집을 짓는 건설업자일 것이다. 그들은 집을 건축하는 전체 프로젝트를 수행하기 위해 5만 달러를 받고, 인건비로 시간당 15달러를 지출한 다음 그 차액을 수익으로 가져갈 것이다.

건설업자는 분명히 집수리 노동자보다는 더 나은 직업이다. 하지만 그것을 어떻게 측정할 수 있을까? 건설업자가 집수리 노동자보다 더 낫다는 것을 어떻게 알 수 있을까? 우선 집수리 노동자보다 더 많은 책임을 지기 때문에 더 낫다는 것을 알 수 있다. 그들은 결과에 대한 책임을 지고, 일이 잘 안되면 늦은 밤까지 땀을 흘려야 한다. 건설업자는 자신을 위해 일하는 집수리 노동자를 지렛대로 삼고 있다. 그들은 또 집수리 팀을 구성하는 방법, 그들을 정시에 모이게 하는 방법, 도시 건축법 규제에 저촉되지 않는 방법 등 좀 더 특화된 지식을 가지고 있다.

그다음 상위 레벨은 부동산 개발업자일 것이다. 개발업자는 부동산을 사들인 다음 여러 건설업자를 고용해 이를 더 높은 가치로 전환하려는 사람이다. 이들은 먼저 집이나 땅을 사기 위해 대출을 받거나 투자자를 찾아가 자금을 조달해야 한다. 오래된 집을 사서 헐고 다시 지은 다음 되파는 것이다. 이들은 5만 달러에 집을 짓고 지출을 제외한 수입을 올리는 건설업자나 시간당 15달러를 버는 수리 노동자보다 훨씬 더 많은 이익을 얻는다. 부동산 구매 가격에다 개발에 들어가는 비용을 더한 금액보다 훨씬 더 높은 가격에 판매하기 때문에 50만 달러나 백만 달러를 벌 수도 있다.

그렇다면 부동산 개발업자에게 요구되는 것은 무엇일까? 바로 매우 강도 높은 수준의 책임이다.

부동산 개발업자는 집수리 노동자나 건설업자보다 더 많은 위험을 감수하고, 더 많은 책임을 지며, 더 많은 지렛대를 사용하고, 더 특화된 지식을 갖추어야 한다. 그들은 자금 조달, 도시 건축법 규제뿐만 아니라 부동산 시장이 어떻게 움직이고 있는지, 얼마나 많은 위험을 감수해야 하는지를 잘 이해하고 있어야 한다. 이는 매우 어려운 일이다.

그다음 상위 레벨은 부동산 펀드에서 자금을 운용하는 사람일 것이다. 이들은 엄청난 양의 자본을 지렛대로 삼고 있다. 그들은 수많은 부동산 개발업자와 거래하고 있으며 시장에서 엄청난 양의 주택을 사들여 재고로 보유한다.[74]

그런데 이들보다 또 한 단계 상위 레벨에 있는 사람이 있을 수 있다. 바로 "나는 부동산 시장에서 최대한의 지렛대와 최대한의 특화된 지식을 갖추고 있다."라고 말하는 사람이다. 이런 사람은 다음과 같이 말할 수 있다. "나는 부동산 시장을 완전히 이해하고 있고, 기본적인 주택 건설에서부터 부동산 개발 및 판매, 부동산 시장이 어떻게 움직이고 번창하는지에 이르기까지 모든 것을 잘 알고 있으며 기술 회사들까지 모두 섭렵하고 있습니다. 그뿐만 아니라 부동산 개발자를 모집하는 방법, 코드를 작성하는 방법, 좋은 제품을 만드는 방법은 물론, 벤처 투자자들로부터 자금을 조달하고 상환하는 방법 등 그 모든 것이 어떻게 작동하는지 완전히 꿰뚫고 있습니다."

물론 이 모든 것을 완벽하게 아는 개인은 없을 것이다. 다만 서로 다른 기술 능력을 보유하고 있는 팀을 구성해 이를 종합적으로 수행하는 기업은 있을 수 있다. 이 같은 종합 법인체는 기술 및 부동산에 대해 특화된 지식을 보유하게 되며, 그 회사의 이름 자체만으로 모든 일에 수반되는 매우 위험하고 보상이 큰 노력을 해낸다. 그에 소속된 사람들은 그 일에 전력을 다하고 상당한 위험을 감수하며 막대한 책임을 진다는 것을 알 수 있다.

이런 회사는 많은 부동산 개발자를 보유하며 소프트웨어라는 지렛대를 보유하고, 투자자들이 투자한 돈과 창업자 자신의 자본으로 구성된 큰 자본 지렛대도 보유한다. 또 엔지니어, 디자이너, 마케팅 담당자 등 최고의 능력을 갖춘 사람들로 구성된 최고급 노동력도 보유한다.

부동산 시장에서 수억 달러 또는 수십억 달러를 벌어들이는 온라인 부동산 회사 트룰리아Trulia, 레드핀Redfin, 질로우Zillow 등이 바로 이런 회사들이다.[78]

당신은 처음에는 급여를 받는 직원으로 시작했다가 점점 더 높은 지렛대, 더 많은 책임, 더 많은 특화된 지식을 쌓으며 발전하게 된다. 이런 식으로 장기간에 걸쳐 복리 마법과 결합하면 언젠가는 큰 부자가 되어 있을 것이다.[74]

다만 한 가지 피해야 할 것이 있다. 바로 파멸의 위험이다. 파멸을 피한다는 것은 감옥에 가지 않는다는 것을 의미한다. 그러므로 불법적인 일은 절대 하지 마라. 총체적 재앙을 가져올 손실을 피하라. 또 파멸을 피한다는 것은 신체적으로 위험하거나 몸에 해를 끼칠 수 있는 일을 피한다는 의미가 될 수도 있다. 모쪼록 건강을 조심해야 한다.

당신의 모든 자본과 저축을 한 번에 잃을 수 있는 일은 절대 피하라. 한 번에 올인하는 도박을 해서는 안 된다. 그 대신 큰 이익을 낼 수 있는 일에 합리적으로 낙관적인 배팅을 해라.[78]

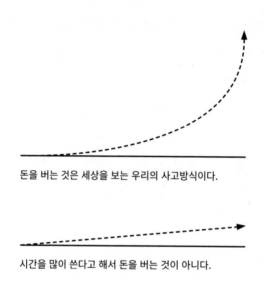

돈을 버는 것은 세상을 보는 우리의 사고방식이다.

시간을 많이 쓴다고 해서 돈을 버는 것이 아니다.

당신의 판단에 대해 보상하라

당신이 진출하고자 하는 분야와 직업, 그리고 고용주와의 협상에서 당신이 받아들일 조건 등을 당신이 직접 선택할 수 있다면, 시간의 자유를 훨씬 더 많이 누릴 수 있다. 그렇게 할 수 있다면 시간 관리에 대해서도 크게 걱정할 필요가 없을 것이다. 나는 내가 행한 일이 아니라 오직 내가 내린 판단에 따라 보상을 받고 싶다. 내가 행해야 할 일은 로봇, 자본 또는 컴퓨터에게 맡기고 내가 내리는

올바른 판단에 대한 대가를 제대로 받고 싶다.[1]

　나는 모든 사람이 어느 특정 일에 대한 지식을 많이 쌓아서 자신만이 알고 있는 지식에 대한 대가를 받기를 열망해야 한다고 생각한다. 우리는 비즈니스에서 로봇이나 컴퓨터같이 가능한 많은 지렛대를 사용한다. 사람들은 우리가 투자한 시간이나 노력이 아니라 그 결과물을 추적하기 때문에 우리는 시간을 자유롭게 사용할수 있다.

　남보다 더 나은 판단력을 가진 사람이 있다고 생각해 보자. 그들의 판단이 옳을 가능성이 75퍼센트를 넘어 85퍼센트라고 하자. 사회는 그런 사람에게 5천만 달러, 1억 달러, 심지어 2억 달러 이상의 엄청난 보수를 지불한다. 그가 10% 더 나은 판단력으로 1,000억 달러짜리 선박(회사)을 조종한다고 가정할 경우, 그의 판단력은 매우 가치 있기 때문이다. 대기업 경영자들은 이런 지렛대를 가지고 있으므로 높은 보수를 받는다. 판단력과 능력에 작은 차이만 있어도 실제 결과물은 크게 차이 날 수 있다.[2]

　입증된 판단력, 즉 판단력에 대한 신뢰성은 매우 중요하다. 워런 버핏이 승자가 되는 이유는 사람들이 그의 판단력을 엄청나게 신뢰하고 있기 때문이다. 워런 버핏 또한 매우 높은 책임감을 보인다. 그는 오랫동안 공인 자격으로 살아왔다. 그동안 높은 성실성으로 명성을 쌓아왔기 때문에 우리는 그를 신뢰한다. 사람들은 워런 버핏의 판단력을 믿기 때문에 그를 무한한 지렛대로 여긴다. 아무도 그에게 얼마나 열심히 일하는지 묻지 않는다. 몇 시에 잠들고 몇 시에 일어나는지도 묻지 않는다. 그들은 그냥 이렇게 말한다. "워런, 당신은 그냥 당신의 일을 하십시오."

판단력, 특히 높은 책임성과 명확한 실적을 갖춘 입증된 판단력은 매우 중요하다.[78]

> 우리는 단기적인 생각과 바쁜 일로 시간을 낭비한다. 반면 워런 버 핏은 결정하는 데 1년을 보내지만 행동하는 데에는 단 하루를 쓴다. 그의 이런 습관은 수십 년 동안 지속되었다.

400미터를 불과 몇 분의 1초 더 빨리 달리는 것처럼 남보다 약간 더 잘하는 것만으로도 훨씬 더 많은 보수를 받는다. 지렛대는 이러한 차이를 더 크게 만든다. 지렛대 시대에는 자신의 기술 분야에서 최고의 자리에 도달하는 것이 매우 중요하다.[2]

끈질기게 시도를 계속함으로써 문제를 해결하라.

그런 다음 반복을 통해 보상을 받아라.

나발 라비칸트의 부와 행복의 원칙

우선순위에 따라 집중하라

나는 살아오면서 많은 불운을 겪었다. 처음 벌어들인 얼마 되지 않은 돈은 주식 시장에서 금방 날려 버렸다. 두 번째로 번 약간의 부마저 사업 파트너들에게 사기를 당했다. 세 번째에야 비로소 돈맛을 볼 수 있었다.

그 이후에도 나는 돈 버는 데에 여전히 느렸고 어려움도 겪었다. 나는 내 인생에서 한 번에 큰돈을 번 적이 없었다. 늘 작은 돈들이 여러 차례 쌓여서 큰돈이 되었을 뿐이다. 회사를 창업하거나 기회나 투자를 이끌어내는 데에도 마찬가지다. 부는 지속해서 쌓이는 것이다. 부는 일회성의 큰 건으로 생기는 것이 아니다. 내 개인의 부는 어느 한 해 동안 쌓인 것이 아니다. 옵션, 사업, 투자 등 내가 할 수 있는 것들을 조금씩 늘려나가면서 한 번에 적은 돈이 계속 쌓인 것이다.

인터넷 덕분에 기회는 엄청나게 많아졌다. 실제로 돈 버는 방법이 너무나 많아 모두 해 볼 시간이 없다. 말 그대로 기회는 넘쳐나고 시간은 부족하다. 부를 쌓고, 제품을 만들고, 회사를 창업하고, 그 부산물로 사회로부터 보상받는 방법이 너무나 많다. 나로서는 그것들을 모두 처리할 수 없다.[78]

> 당신의 시간을 당신이 버는 시급만큼 중요하게 생각하고, 마치 그 돈을 쓰는 것처럼 시간을 사용하라. 당신의 가치는 당신이 가치 있다고 생각하는 만큼 커진다.

당신보다 당신을 더 소중히 여기는 사람은 없다. 그러므로 당신의 시급을 매우 높게 설정하고 이를 지키도록 노력해야 한다. 나는 어린 시절에도 시장이 나를 생각하는 것보다 훨씬 더 가치 있는 사람이라고 생각하기로 결심했고, 실제로 나 자신을 그에 걸맞게 대하기 시작했다.

모든 결정을 할 때는 늘 시간을 고려하라. 그것을 수행하는 데 시간이 얼마나 걸릴 것인가? 뭔가를 사러 시내에 나가는 데만 해도 한 시간은 족히 걸린다. 자신의 가치를 시간당 100달러로 평가한다면 물건을 사러 시내에 나가는 것은 기본적으로 당신 주머니에서 100달러를 소비하는 것과 같다. 그것이 과연 내가 직접 할 만한 일인가?[78]

시간이 흘러 당신이 어느 정도 부유해졌다고 생각하고 당신의 시급을 중간 정도로 책정해 보라. 나는 시간을 거꾸로 돌려 당신이 나를 고용할 수 있는 시절로 돌아가 보겠다(믿거나 말거나). 물론 지금은 당신이 나를 고용할 수 없겠지만, 어쨌든 당신이 나를 고용할 수 있는 시절이 있었다면 그것은 10년 전, 심지어 내가 실제로 돈을 벌기 전인 20년 전쯤 될 것이다. 하지만 나는 그때에도 "내 시급은 5,000달러는 될 거야"라고 늘 스스로에게 말하곤 했다. 그때 시세로는 약 1,000달러 정도였을 것이다.

나는 전기 기술자와 논쟁을 벌이거나 스피커가 고장 나도 고치지 않는 등 지금 생각하면 어리석은 짓을 하기도 했지만, 다른 친구들만큼 일을 많이 하지 않았다. 물건을 고치려 하기보다는 그냥 쓰레기통에 버리거나 구세군이나 다른 사람에게 줘버리는 등 허세를

떨곤 했다.

여자친구들과도 말다툼이 잦았다. 지금도 아내에게 "난 그런 거 안 해. 그건 내가 해결할 수 있는 문제가 아니야."라고 말한다. 아직도 어머니가 내게 무슨 작은 일이라도 시키시면 그 일로 말다툼을 벌인다. "난 그런 거 안 해요. 차라리 일꾼을 붙여드릴게요." 내가 돈에 쪼들릴 때도 마찬가지였다.[78]

어떤 일이 직접 할 가치가 있는지 생각하는 또 다른 방법은, 그 일이 당신의 시급보다 적은 비용으로 할 수 있는 일이 아니라면 차라리 아웃소싱하거나 아예 하지 않는 것이다. 당신의 시급보다 적은 비용으로 그 일을 수행할 사람을 고용할 수 있다면 그런 사람을 고용하라. 요리 같은 일도 이에 포함된다. 집에서 만든 건강한 밥을 먹고 싶을 수도 있지만 아웃소싱하는 것이 유리하다면 그렇게 하라.[78]

자신에 대해 매우 높은 시급을 설정하고 그것을 지켜나가라. 터무니없이 높은 것처럼 보이고 느껴질 정도로 당신의 시급을 높게 책정하라. 만약 그렇게 느껴지지 않는다면 충분히 높지 않은 것이다. 지금 얼마로 결정하든 계속 그 수치를 높여나가라. 위에서 말했듯이, 나는 돈을 벌기 오래전부터 내 시간당 수입은 5,000달러라고 되뇌곤 했다. 이를 연봉으로 환산하며 연간 수백만 달러는 될 것이다.

하지만 아이러니하게도 내 시급은 이제 그것을 넘어섰다고 생각한다. 나는 열심히 일하는 타입은 아니다. 솔직히 말하자면 나는 게으른 사람이다. 하지만 무언가에 정말로 동기를 부여받으면 에너지가 폭발하듯이 일한다. 아마도 지금 내가 투자한 시간당 얼마를 벌었는지 따져보면 그보다 훨씬 높을 것 같다.[78]

"당신이 속으로 부를 경멸한다면 부도 당신을 피해 갈 것이다."라는 말을 좀 더 자세히 설명해 줄 수 있나요?

상대적 사고방식에 빠지면 자신보다 잘하는 사람을 늘 미워하고 질투하고 부러워하게 된다. 당신이 이런 사고방식을 가지고 상대방과 거래하면 상대방은 금방 그것을 알아챈다.

당신이 누군가와 거래하려고 할 때 당신이 그 사람에 대해 나쁜 생각이나 어떤 판단을 하고 있다면 그 사람은 당신이 그런 생각을 하고 있다는 것을 금방 느낀다. 본래 인간은 내면 깊은 곳에서 다른 사람이 느끼는 것을 느낄 수 있게 되어 있다. 그러므로 당신은 그런 상대적 사고방식에서 벗어나야 한다.[10]

말 그대로, 당신이 부에 대해 거부감을 느낀다면 그런 생각이 당신이 부자가 되는 것을 방해할 것이다. 당신이 부에 대해 올바른 사고방식과 올바른 정신을 갖지 않고 있으므로 올바른 수준에 있는 사람들과 거래하지 않으려 할 것이기 때문이다. 늘 낙관적이고 긍정적으로 생각하는 것이 중요하다. 실제로 낙관주의자가 장기적으로 더 나은 결과를 얻는다.[10]

> 비즈니스 세계에서는 많은 사람이 제로섬 게임(서로의 이익의 합이 제로가 되는 것)을 하고 있고, 오직 소수만이 군중 속에서 서로를 찾아 포지티브섬 게임(서로에게 이익이 되는 것)을 한다.

나발 라비칸트의 부와 행복의 원칙

사람들은 인생에서 기본적으로 두 가지 거대한 게임을 하고 있다. 하나는 돈 게임이다. 돈이 모든 문제를 해결해 줄 수는 없지만 적어도 돈이 관련된 문제는 모두 해결할 것이기 때문이다. 사람들은 그것을 잘 알고 있으므로 돈을 벌고 싶어 한다.

그런데 실제로 많은 사람은 속으로는 자신은 돈을 벌 수 없다고 믿는다. 그들은 자신에게 부가 쌓이는 것을 원치 않는다. 그리고는 "돈 버는 건 악이야. 그런 일을 하면 안 돼."라고 말하면서 이익을 만들어내는 모든 기업을 매도한다.

하지만 그런 사람들은 그렇게 말하면서 실제로는 다른 게임, 이른바 '지위 게임'(Status game)을 하는 것이다. 그들은 "글쎄, 난 돈 같은 건 필요 없어. 우리는 돈을 원하지 않아요."라고 말하면서도 자신을 지켜보는 다른 사람들의 눈에는 높은 지위의 사람인 것처럼 보이려고 애쓴다. 지위가 사회 계층에서의 순위를 말해 주기 때문이다.[78]

> 부를 쌓는 것은 진화론적으로 최근에 나타난 포지티브섬 게임이다. 하지만 지위는 아주 오래된 제로섬 게임이다. 부를 쌓은 것에 대해서는 거부감을 표하면서도 지위를 추구하는 사람들이 많다.

지위는 제로섬 게임이다. 그것도 아주 오래된 게임이다. 우리는 원숭이 종족 시절부터 이 게임을 해 왔다. 지위는 계층 구조로 되어 있다. 누가 1위 계층이고 누가 2위 계층이고 누가 3위 계층일까? 3위 계층의 누군가가 2위 계층으로 올라가려면 2위 계층의 누군가가 해당 자리에서 나와야 한다. 그러므로 지위는 제로섬 게임이다.

지위 게임의 한 예가 바로 정치다. 스포츠도 지위 게임의 한 예라고 볼 수 있다. 승자가 되려면 누군가 패자가 있어야 한다. 나는 기본적으로 지위 게임을 좋아하지 않는다. 지위 게임에서 우리는 누가 이 사회의 중요한 역할을 하고 누가 책임자인지 알 수 있다. 하지만 우리가 지위 게임을 하는 것은 그들이 근본적으로 필요악이기 때문이다.[78]

문제는 지위 게임에서 이기려면 다른 사람을 쓰러뜨려야 한다. 그렇기 때문에 인생에서 지위 게임을 가능한 피해야 한다. 지위 게임은 당신을 성난 전투적인 인간으로 만든다. 지위 게임에서 당신은 늘 다른 사람을 떨어뜨리고 당신 자신과 당신이 좋아하는 사람들의 지위를 높이기 위해 싸운다.

물론 지위 게임은 우리가 살아 있는 한 계속 존재할 것이다. 그것을 피하는 방법은 없지만, 대부분의 경우 당신이 부를 쌓으려고 할 때, 그리고 다른 사람의 공격을 받을 때, 그들은 당신을 밟고 자신의 지위를 높이려고 할 것이라는 점을 명심하라. 그들은 당신과 다른 게임을 하고 있다. 그것은 나쁜 게임이다. 포지티브섬 게임이 아니라 제로섬 게임이다.[78]

> 어리석은 게임을 하면 어리석은 상을 받을 뿐이다.

사회생활을 시작하는 청년들이 가장 먼저 해야 할 일은 무엇일까요?

중요한 결정을 내리는 데 더 많은 시간을 투자하라. 기본적으로 인생 초기에 내리는 세 가지 중요한 결정이 있다. 바로 어디에 살 것인지, 누구와 함께 살 것인지, 무엇을 할 것인지에 관한 결정이다.

우리는 어떤 관계를 맺어야 할지 결정하는 데 거의 시간을 쓰지 않는다. 우리는 한 직장에서 많은 시간을 보내지만 어떤 직업을 선택해야 할지에 대해서도 거의 시간을 쓰지 않는다. 또 살아야 할 도시를 선택하면 인생의 궤도가 거의 완전히 결정될 수 있지만, 우리는 어느 도시에 살지 결정하는 데 거의 시간을 할애하지 않는다.

> 샌프란시스코로 이주하는 것을 고려 중인 젊은 엔지니어에게 주는
> 조언: 친구들을 두고 떠날 것인가? 아니면 남겨진 사람이 될 것인가?

당신이 어느 도시에 10년을 살 예정이라면, 어느 직장에 5년을 다닐 예정이라면, 또 10년 동안 사귈 사람이라면, 그런 것들을 결정하는 데 최소한 1~2년을 투자해야 한다. 매우 중요한 결정이기 때문이다. 이 세 가지 결정은 당신의 삶을 좌우할 만큼 정말 중요하다.

중요한 문제를 해결하려면 다른 모든 것을 배제하고 오직 그 문제에 집중할 시간을 확보해야 한다. 이 세 가지가 바로 이처럼 신중하게 결정해야 할 중요한 문제다.[1]

성공한 사람들과 어깨를 나란히 하기 위해 당신이 해야 할 한두 가지가 있다면 무엇일까요?

당신이 잘하는 것이 무엇인지 파악하고, 그것으로 다른 사람들을

돕기 시작하라. 그것을 다른 사람에게 나누라. 그리고 선행을 베풀어라. 이런 일관된 행동을 할 때 비로소 좋은 업보가 쌓인다. 그렇게 오랜 시간이 지나면 당신이 계획하는 것을 이룰 것이다. 하지만 얼마나 큰 성공을 거둘 것인지 미리 측정하지 마라. 계산하면 인내심이 바닥날 것이다.[7]

> 옛 상사가 이렇게 경고한 적이 있다. "당신이 너무 똑똑해 보이면 당신에게 딱 맞는 일자리를 제안하는 사람이 늘 생기기 때문에 당신은 결코 부자가 될 수 없다."

어떻게 첫 회사를 창업하기로 하셨나요?

당시 나는 @Home Network라는 기술 회사에 다니고 있었는데 상사, 동료, 친구들 등 내 주변의 모든 사람에게 이렇게 말하고 다녔다. "실리콘 밸리에서는 회사를 창업하는 사람이 아주 많더군요. 실제로 그들은 잘 해낼 것처럼 보여요. 나도 언젠가 회사를 창업할 겁니다. 이 회사는 일시적으로 다니고 있을 뿐이지요. 나는 타고난 기업가니까요."

물론 다니고 있는 회사를 속이려고 한 건 아니었다. 고의적이고 계산된 일도 아니었다.

나는 내 속뜻을 그대로 드러내며 큰 소리로 그런 말을 내뱉고 다녔다. 하지만 실제로 바로 회사를 차리진 못했다. 그때가 1996년이었다. 창업한다는 것이 내게는 아직 무섭고 어려웠다. 그런데 아니나 다를까, 나를 보는 사람마다 "자네 아직도 여기서 뭐 하는 거야? 진작에 창업하려고 회사를 떠난 줄 알았는데?"라거나 "우아, 아직도 그대로 있네."라고 말하는 것이었다. 나는 너무 당황한 나머지 바로 창업 준비에 들어갔다.[5]

그렇다. 어떤 사람들은 기업가가 될 준비를 하지 못한 채 창업을 한다. 하지만 장기적으로 볼 때 다른 사람들을 위해 일하는 것이 논리적으로 올바른 선택이라는 생각은 도대체 어디서 나온 것일까? 바로 계층화 모델(hierarchical model)에서 나왔다.[14]

일을 즐겨라

인류는 사냥꾼이나 채집꾼으로 진화했다. 인간은 스스로 먹고살기 위해 일해 온 것이다. 그런데 농업이 시작되면서부터 인간은 점점 더 계층화되었다. 산업혁명과 공장의 출현은 우리를 극도로 계층화시켰다. 개인 차원에서 공장을 소유하거나 지을 수는 없었기 때문이다. 하지만 오늘날 인터넷은 많은 사람이 스스로 일하는 시대로 되돌려 놓았다. 나는 무언가를 한 번도 시도하지 않은 사람보다는 차라리 시도했다가 실패한 기업가가 되고 싶다. 실패하더라도 실패의 과정에서 스스로 해낼 수 있는 기술을 배우게 되기 때문이다.[14]

> 이 지구상에는 약 70억 명의 인구가 살고 있다. 언젠가는 거의 70억 개의 회사가 생길 것이다.

나는 돈 버는 법이 꼭 필요했기 때문에 배웠다. 하지만 돈 버는 법이 더이상 필요하지 않게 된 후에는 그에 대해 거의 신경 쓰지 않았다. 적어도 나에게 있어 일이란 목적을 위한 수단에 불과했다. 돈을 버는 것 역시 목적을 위한 수단이었다. 나는 돈을 버는 것보다 문제를 해결하는 데 훨씬 더 관심이 있다.

어떤 목표라도 그것이 최종적인 것이 아니라 계속 또 다른 목표로 이어진다. 우리는 인생에서 계속 게임을 할 뿐이다. 성장하면서 학교에 가면 학교 게임을 하고, 사회에 나가면 사회적 게임을 하고, 또 그다음에는 돈 게임을 하고, 또 그다음에는 지위 게임을 한다. 이 게임들은 계속 길어져서 끝없이 지속되는 지평선으로 이어진다. 그러나 어느 시점이 되면, 이 모든 것이 게임에 불과하다는 사실을 깨닫는다. 적어도 나의 경우에는 그랬다. 게임의 본질은, 그 게임을 끝까지 다 해 보면 결과가 더 이상 중요하지 않다는 것을 알게 된다는 것이다.

그다음에는 게임이 싫어진다. 나는 이제 '게임이 지겨워지는 단계에 와 있다'라고 말할 수 있다. 이제 내 삶에서 목표나 목적은 없다고 생각한다. 나는 그냥 내가 하고 싶은 대로 살고 있다. 말 그대로 매 순간 삶을 살고 있다.

나는 이제 쾌락의 쳇바퀴에서 벗어나고 싶다.[1]

당신이 정말로 원하는 것도 자유일 것이다. 당신은 돈 문제로부터 자유롭기를 원한다. 아주 좋은 생각이다. 생활 수준을 낮추거나

나발 라비칸트의 부와 행복의 원칙

충분한 돈을 벌어서 돈 문제를 해결할 수 있다면, 이제 은퇴하고 싶을 것이다. 꼭 65세가 되어 하는 은퇴가 아니라, 요양원에 앉아 있으면서도 수표를 긁어모으며 사는 은퇴 생활, 그것이 은퇴에 대한 또 다른 정의가 되어야 한다.

당신이 생각하는 은퇴의 정의는 무엇인가요?

은퇴란 환상적인 내일을 꿈꾸느라 오늘을 희생하는 일을 멈추는 것이다. 오늘이 끝나면 그 자체로 당신은 은퇴한 것이다.

어떻게 해야 그런 은퇴 생활을 할 수 있나요?

글쎄, 한 가지 방법은 불로소득(손가락 하나 까딱하지 않고 생기는 소득)이 경비 지출을 충당할 만큼 많은 돈을 저축하는 것이다.

두 번째는 경비 지출을 0으로 낮추는 것이다. 즉, 수도사처럼 사는 것이다.

세 번째는 당신이 좋아하는 일을 하며 사는 것이다. 당신은 그 일을 정말로 즐긴다. 물론 그것은 돈에 관한 것이 아니다. 이런 관점에서 은퇴하는 방법에는 여러 가지가 있다.

경쟁의 함정에서 벗어나는 방법은 당신만의 일, 즉 당신이 누구보다도 더 잘하는 방법을 아는 일을 찾는 것이다. 당신이 좋아하는 일이라면 당신은 그 일을 더 잘하는 방법을 알고 있기 때문에 누구도 당신과 경쟁할 수 없다. 당신이 그 일을 좋아한다면 진정성을 가지고 사회가 실제로 원하는 것에 그 일을 적용할 방법을 찾으라.

약간의 지렛대를 사용하고 거기에 자신의 이름을 걸어라. 위험을 감수할 수도 있지만, 보상을 얻을 수 있을 뿐 아니라 그 일에 대한 소유권과 지분을 갖게 되면 계속 발전시켜 나갈 수 있다.[77]

경제적으로 독립한 후에는 돈을 벌려는 의욕이 떨어졌나요?

그렇기도 하고 아니기도 하다. 절박함이 사라졌다는 의미에서는 그렇다고 할 수 있다.

그러나 비즈니스를 창출하고 돈을 버는 것이 이제는 '예술의 경지'에 이르렀다.[74]

> 상업이든, 과학이든, 정치든 역사는 경지에 다다른 예술가를 기억한다.

예술은 창의적이다. 모든 예술은 다른 어떤 목적을 위해서가 아니라 그 자체를 위해 행해진다. 그렇다면 그 뒤에 아무런 목적도 의도도 없이 그 자체를 위해 행해지는 것에는 무엇이 있을까? 바로 누군가를 사랑하고, 뭔가를 창조하고, 아무 생각 없이 순수한 놀이를 하는 것이다. 나에게 있어 회사를 창업하는 것은 놀이다. 내가 회사를 창업하는 것은 그것이 재미있고 그 회사가 만드는 제품에 관심이 많기 때문이다.[77]

나는 3개월이면 뚝딱 새 회사를 하나 차릴 수 있다. 자금을 모으고, 팀을 구성하고, 사업을 시작하는 전 과정을 포함해서 말이다. 나는 이런 일이 재미있다. 내가 어떤 회사를 만들 수 있는지 보는 것도 정말 멋지다. 돈을 버는 것은 부수적인 일일 뿐이다. 회사

나발 라비칸트의 부와 행복의 원칙

를 만드는 것은 내가 잘할 수 있는 게임이다. 다만 내 동기가 목표 지향에서 예술적 활동으로 바뀌었을 뿐이다. 아이러니하게 들릴지 모르지만 이제 나의 예술 활동은 예전보다 훨씬 나아졌다고 생각한다.[74]

내가 무언가에 투자하는 것도, 관련된 사람들이 좋고 그들과 같이 어울리는 것이 좋고 그들에게서 배울 수 있고 그들의 제품이 정말 멋있다고 생각하기 때문이다. 하지만 요즘에는 흥미로운 제품을 찾지 못해 큰 투자를 사양하고 있다. 투자는 '모 아니면 도'가 아니다. 우리 삶에서 목표를 향해 조금씩 더 다가가는 것이다. 그것이 곧 투자의 목표다.

어렸을 때 나는 돈을 벌고 싶은 마음이 너무 절박해서 돈이 되는 것이면 무슨 일이든 다 할 기세였다. 만일 누군가가 "이봐, 내가 오물 운송 사업을 하고 있는데 와서 일하지 않으련?" 하고 말했다면, 나는 기꺼이 "좋아요, 돈만 벌 수 있다면요!"라고 말했을 것이다. 지금 생각하면 내게 그런 기회를 준 사람이 없어서 다행이지만 말이다. 나는 내가 진심으로 좋아하는 기술과 과학의 길을 택하게 되어 정말 기쁘다. 우리는 좋아하는 것과 직업을 연결해야 한다.

나는 늘 '일'하고 있다. 그것이 남들에게는 일로 보이겠지만 나에게는 놀이처럼 느껴진다. 이는 그 일에 관해서는 누구도 나와 경쟁할 수 없다는 것을 알기 때문이다. 나는 그냥 하루에 16시간씩 놀고 있다. 다른 사람들이 나와 경쟁하고 싶다 해도 그들은 일주일에

7일, 하루 16시간 동안 일해야 한다고 생각하기 때문에 나를 이길 수 없을 것이다.[77]

당신이 재정적으로 안전하다고 생각한 모습은 어떤 모습인가요?

돈은 모든 악의 뿌리가 아니다. 돈이 나쁜 것은 절대 아니다. 그러나 돈에 대한 욕심은 나쁜 것이다. 그렇다고 돈에 대한 욕망이 사회적 의미에서 나쁘다는 말은 아니다. 그러므로 "당신은 돈을 탐하는 사람이기 때문에 나쁜 사람이다"라고 말해서는 안 된다. 그렇게 해석하는 것은 당신에게 좋지 않다.

돈에 대한 탐욕이 우리에게 해롭다는 것은 그 탐욕이 끝을 모르는 지옥 같은 것이기 때문이다. 그런 욕심이 늘 당신의 마음에 자리 잡고 있기 때문이다. 당신이 돈을 좋아해서 돈을 아무리 많이 번다고 해도 절대로 충분하지 않을 것이다. 돈에 대한 욕망도 함께 커지고 일단 커지고 나면 결코 수그러들지 않기 때문이다. 어느 정도 돈이 모이면 그 욕망이 수그러지리라고 생각한다면 그것은 큰 오산이다.

돈을 좋아하게 된 것에 대한 형벌도 돈이 많아지면서 함께 커진다. 돈을 벌수록 더 많은 돈을 원하게 되고, 급기야 편집증에 빠져서 지금 가진 것을 잃을까 봐 두려운 마음이 생기기 때문이다. 세상에 공짜는 없는 법이다.

당신이 돈을 버는 이유는 돈과 물질적 문제를 해결하기 위해서다. 돈에 대한 끊임없는 욕망에서 벗어나는 가장 좋은 방법은 돈을 벌어도 생활 수준을 높이지 않는 것으로 생각한다. 사람들은 돈을 벌면 생활 수준을 계속 높인다. 그러나 당신이 단시간에 큰돈을 벌기를 바란다면, 생활 수준을 높일 시간이 없을 것이다. 그러면 당신은 훨씬 더 빨리 재정적으로 자유로워질 수 있을 것이다.

당신에게 도움이 될 또 다른 조언 하나를 말하자면, 나는 무엇보다도 자유를 중요하게 생각한다는 점이다. 모든 종류의 자유, 그러니까 내가 원하는 것을 할 수 있는 자유, 내가 하고 싶지 않은 일로부터의 자유, 내 자신의 감정이나 평화를 방해할 수 있는 것들로부터의 자유 등등. 나에게는 자유가 최고의 가치다.

돈으로 자유를 살 수 있다는 점에서 돈은 매우 좋은 것이다. 하지만 돈이 나를 덜 자유롭게 만드는 측면도 있는데 나는 그런 상황을 좋아하지 않는다.[74]

> 모든 게임의 승자는 게임에 완전히 중독되어서 승리로 인한 한계효용이 감소하더라도 게임을 계속하는 사람들이다.

성공하려면 회사를 창업해야 하나요?

지속적인 관점에서 실리콘 밸리에서 가장 성공적인 부류의 사람들은 벤처 캐피털리스트(그들은 다각적인 정보에 접하고 있어서 과거에는 희소한 자원이었던 것을 통제하기 때문이다)이거나 시장에 정확하게 적합한 제품을 출시한 회사를 찾아내는 데 매우 능숙한 사람들이다. 이들은 그런 회사가 성장하는 데 정말로 도움이 되는 배경, 전문 지식, 참고 자료들을 가지고 있다. 또한 어느 한 회사에 근무하다가 새로운 첨단 회사(예를 들어 클라우드 스토리지 서비스 회사인 드롭박스Dropbox나 글로벌 숙박 공유 서비스 플랫폼인 에어비앤비Airbnb 같은 회사)가 나타나면 계속해서 이동한다.

구글에서 근무하다가 직원이 100명이 되자 페이스북(현재 사명은 메타Meta)**으로, 페이스북 직원이 100명이 되자 다시 온라인 금융서비스 회사 스트라이프**(Stripe)**로 이직하는 그런 사람들을 말하는 건가요?**

페이스북의 저커버그가 회사 규모가 갑자기 확장되기 시작하자 당황해서 어떻게 감당해야 할지 몰랐다. 그는 짐 브레이어Jim Breyer(페이스북에 투자한 첫 벤처 캐피털리스트이자 벤처 캐피털 회사 액셀 파트너스Accel Partners 의 창업자)에게 전화를 걸었다. 그러자 짐 브레이어는 "내가 다른 회사에서 근무하는 정말 훌륭한 제품 책임자를 알고 있는데 당신에게는 이 사람이 필요할 것 같군요."라고 조언해 주었다. 짐 브레이어 같은 사람들은 본인이 벤처 투자자이기도 하지만, 그 외에 장기간에 걸쳐 위험을 조정하는 일에도 최선을 다하는 경향이 있다.[30]

내가 실리콘 밸리에서 본 가장 성공한 사람 중에는 경력 초기부터 출세하는 사람이 많다. 그들은 젊은 나이에 부사장, 이사, 경영자로 승진하거나 잘 나가는 회사를 창업한다. 조기에 빠른 승진을 하지 못하면 나중에 따라잡기가 훨씬 더 어려워진다. 규모가 크지 않은 회사는 조기 승진에 대한 장애물이 적기 때문에 가능한 한 일찍 참여하는 것이 좋다.[76]

이처럼 경력 초기에(물론 그 이후에라도) 있는 사람들에게 가장 중요한 것은 회사 내에서 동문 네트워크를 구축할 수 있느냐 하는 것이다. 그러므로 누구와 함께 일하게 되는지, 그 사람들이 앞으로 무엇을 하려고 하는지를 잘 파악해야 한다.[76]

행운을 잡는 방법을 배워라

"운이 좋지 않아도 부자가 될 수 있다"고 말하는 이유가 무엇인가요?

1,000개의 평행 우주 중 999개의 우주에서는 누구나 부자가 되기를 원할 것이다. 그러나 당신의 운이 억세게 좋았던 50개 우주에서는 부자가 되지 않아도 좋다고 생각할지 모르겠다. 그러니 그런 곳에서는 운을 고려할 필요가 없을 것이다.

하지만 운이 좋으면 도움이 되지 않나요?

최근에 나는 엔젤리스트의 공동 창업자인 바박 니비Babak Nivi와 어떻게 하면 트위터에서 행운을 만날지에 대해 이야기하고 있었는데, 우리가 이야기하는 행운에는 실제로 다음 네 가지 종류가 있다.

첫 번째는 우연한 행운, 즉 전혀 통제할 수 없는 무엇인가가 발생했기 때문에 생기는 행운을 말한다. 여기에는 운(Fortune), 운명(Fate) 등이 포함된다.

두 번째는 끈기, 노력, 분주함, 움직임을 통해 찾아오는 행운이다. 이런 행운은 당신이 기회를 만들기 위해 이리저리 뛰어다닐 때

생긴다. 실제로 당신은 많은 에너지를 생성하고 있을 뿐만 아니라 무언가가 일어나게끔 많은 일을 한다. 이는 마치 페트리 접시(Petri dish, 세균 배양에 쓰이는 접시)나 여러 가지 시약을 배합해 보면서 무슨 현상이 일어나는지 보는 것과 비슷하다. 당신은 행운이 당신을 찾을 수 있을 만큼의 충분한 힘과 추진력, 에너지를 생성하는 것이다.

세 번째 유형의 행운은, 당신이 행운을 찾는 데에 훈련이 잘되어 있을 때 만나는 행운이다. 당신이 어느 분야에 매우 능숙해지면 그 분야에서 행운이 찾아올 때 금방 알아차리겠지만, 그 분야에 능숙하지 못한 다른 사람들은 알아차리지 못할 것이다. 운을 찾는 당신의 감각이 매우 예민해졌기 때문이다.

마지막 유형은 가장 멋지고 어려운 행운으로, 당신만의 독특한 캐릭터, 독특한 브랜드, 독특한 사고방식을 구축함으로써 행운이 당신을 찾아오게 만드는 것이다. 예를 들어, 당신이 해저 다이빙에 관해서는 세계 최고라고 가정해 보자. 당신은 다른 사람은 감히 시도조차 하지 못할 심해 잠수에 도전하는 것으로 유명한 사람이라고 하자. 그런데 어떤 사람들이 운 좋게도 바다 깊이 가라앉은 보물선을 발견했는데 그들은 그곳까지 들어갈 수 없다. 이 경우, 그들의 행운이 당신의 행운이 될 가능성이 높다. 그들은 그 보물을 찾기 위해 당신에게 도움을 청하러 올 것이고 당신은 그 일에 대해 높은 대가를 받게 될 것이기 때문이다.

이는 매우 극단적인 예로, 보물과 전혀 관계없는 당신이 어떻게 행운을 잡게 되었는지 보여 준다. 사실 보물선을 발견한 사람들이 그 보물을 가져다주는 대가로 당신에게 보물의 절반을 주겠다고 제안하는 것은 우연한 행운이 아니라 당신이 창조한 행운이다.

당신은 다른 사람들이 스스로 기회를 만들지 못했을 때 행운을 잡을 수 있는 위치에 당신 자신을 준비시켜 놓은 것이다. 운이 좋지 않을 때도 부자가 되기 위해서 우리는 운명을 확률에 맡길 것이 아니라 스스로 결정할 수 있는 능력을 갖추어야 한다. 우리는 우리 운명을 우연에 맡겨서는 안 된다.[78]

행운을 잡는 방법:
. 행운이 당신을 찾기를 바란다. (우연한 행운)
. 행운을 발견할 때까지 분주하게 노력한다.
. 행운을 받아들일 마음을 준비하고 다른 사람들이 놓친 기회에 민감하게 반응하라.
. 당신이 하는 일에서 최고가 돼라. 그렇게 될 때까지 당신이 하는 일을 계속 연마하라. 그러면 기회가 당신을 찾을 것이고, 행운이 당신의 운명이 될 것이다.

이제 우리 운명은 우리 스스로 결정하는 것이 되기 시작한다. 더 이상 우연한 행운을 바라지 않는다. 이제 우리 삶에서 운의 정의는, 우연한 행운에서 우리가 결정하는 운명으로 바뀌었다. 네 번째 유형의 운을 요약하면 이렇다. "당신만의 방식으로 당신의 캐릭터를 구축하라. 그러면 그것이 운명이 될 것이다."

돈을 버는 데 중요하다고 생각하는 것 중 하나는 사람들이 당신을 통해 거래하기를 원하도록 당신의 평판을 갖추는 것이다.

사람들이 누군가와 거래를 하고 싶지만 그 사람이 낯선 사람이

어서 정직한 거래를 할 수 있을지 의심스러워할 때, 당신이 신뢰할 수 있고 믿을 만하며 진실하고 장기적인 생각을 하는 거래자라면 그들은 기꺼이 당신과 거래할 것이다. 바로 당신이 쌓아온 진실함과 평판 때문이다.

워런 버핏이 기업 매수, 신주인수권 매입, 은행 구제금융 등 다른 사람들이 할 수 없는 일을 해달라는 제안을 많이 받는 것도 다 그의 평판 때문이다. 물론 그는 위험한 일에 대해서도 책임감이 강하고 강력한 자기만의 브랜드를 가지고 있다.

당신의 성격과 평판은 당신이 직접 구축할 수 있는 것이며 당신은 이를 통해 다른 사람들이 행운이라고 부르는 기회를 잡을 수는 있지만, 당신은 그것이 행운이 아니라는 것을 안다.[78]

내 공동 창업자 니비는 말한다. "장기적인 게임에서는 모두가 서로를 부자로 만들어 주는 것 같은데, 단기적인 게임에서는 모두가 자기만 부자가 되려고 하는 것 같다."

나는 그의 말이 정확하고 멋진 표현이라고 생각한다. 장기적 게임은 포지티브섬이다. 게임에 참여한 모든 사람이 함께 파이를 굽는다. 그들은 파이를 가능한 한 크게 만들려고 노력한다. 그러나 단기적 게임에서는 모두가 자기 몫의 파이를 자르려고만 한다.[78]

네트워킹(인맥 구축)은 얼마나 중요한가요?

나는 비즈니스 네트워킹은 완전한 시간 낭비라고 생각한다. 나는 이 개념을 대중화하려는 사람들과 기업들이 있다는 것을 잘 알고 있다. 그들은 인맥이 자신들의 사업 모델에 도움이 되리라 생각한다. 하지만 현실은 그렇지 않다. 당신이 흥미로운 제품을 만들고 있다면, 당신 주변에는 당신을 알고 싶어 하는 사람들로 늘 넘쳐날 것이다. 비즈니스를 시작하기도 전에 인맥을 구축하려고 하는 것은 완전한 시간 낭비일 뿐이다.

"사람들이 원하는 흥미로운 것을 만드는 사람이 되어라. 당신의 기술을 보여 주며 멋진 솜씨를 발휘하면 당신에게 필요한 사람들이 당신을 찾을 것이다."[14]

누군가를 만날 때 그가 신뢰할 수 있는 사람인지 어떻게 판단할 수 있나요?

누군가가 자신이 얼마나 정직한지에 대해 장황하게 이야기한다면 그런 사람은 부정직한 사람일 가능성이 높다. 그게 바로 내가 많은 사람을 만나면서 배운 작은 신호다. 누군가가 자신의 가치관을 말하거나 자기 자신을 자랑하는 데 지나치게 많은 시간을 쓰고 있다면, 그들은 무언가를 감추려는 것이다.[4]

> 상어는 왕성한 식성을 자랑하지만 같은 상어들에게 둘러싸여 생활한다.

나는 살아오면서 매우 성공적이고 매력적이고 똑똑하고 훌륭한 사람들을 많이 만났다. 하지만 그런 사람 중에 다른 사람에게 좋지 않은 일을 한두 번 하는 사람들도 있었다. 처음에는 그들에게 말해 줄 것이다. "이봐요, 다른 사람한테 그렇게 행동하면 안 된다고 생각해요. 당신이 그런 행동을 그만두지 않을까 봐 이러는 게 아니에요. 그렇게 행동하는 것이 결국 당신 자신에게 해를 끼칠까 봐 말하는 거예요."

나는 우리 모두 자신이 누구인지 잘 안다고 굳게 믿는다. 당신은 그 어떤 것도 자신에게 숨길 수 없다. 실패는 자신의 마음에 기록되므로 부인할 수 없다. 이런 도덕적 결함이 너무 많으면 당신은 자신을 존중하지 못할 것이다. 이 세상에서 최악의 결과는 자존감을 갖지 못하는 것이다. 당신이 자신을 사랑하지 않는다면 누가 당신을 사랑하겠는가?

누군가가 그런 행동을 하는데 변하지 않으면 나는 그들과 거리를 두고 나중에는 관계를 끊을 것이다. 나는 늘 이런 말을 머릿속에 담고 있다. "내게 더 가까이 다가오고 싶다면 당신의 가치관은 더 좋아져야 합니다."[4]

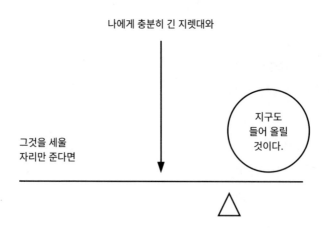

인내심을 가져라

그동안 살아오면서 최근에 깨달은 한 가지는 일반적으로, 적어도 실리콘 밸리의 기술 회사의 경우에는 훌륭한 사람들이 훌륭한 결과를 낳는다는 것이다. 그러기 위해서는 반드시 인내심이 필요하다.

20년 전 내가 처음 사회생활을 시작하면서 사람들을 만났을 때, "우아, 저 사람 정말 대단하군. 엄청 똑똑한 데다 무엇을 하든 전력을 다하는 것 같아."라는 생각이 들었던 사람들은 거의 예외 없이 모두 엄청난 성공을 거두었다. 그들에게 충분히 긴 시간을 주기만 하면 되었다. 물론 당신이나 그들이 원하는 시간 내에 성공하는 것은 아니지만, 어쨌든 그런 사람들은 결국 성공을 거두었다.[4]

> 지렛대를 사용해 특화된 지식을 적용하면 결국 원하는 것을 얻게 되어 있다.

하지만 시간이 걸린다. 당신이 모든 자격을 갖추고 있다 해도 성공하는 데 얼마나 긴 시간이 걸릴지는 알 수 없다. 시간이 얼마나 걸릴지 계산부터 하다 보면 진짜 성공하기 전에 인내심이 바닥날지도 모른다.

누구나 즉시 부자가 되기를 바라지만 세상은 만만한 곳이 아니다. 당장 이루어지는 성공은 없다. 시간이 필요하다. 당신은 많은 시간을 투자해야 한다. 당신이 하는 분야에서 세계 최고가 되기 위해서는 특화된 지식, 책임감, 지렛대, 자신만의 진정한 실력으로 준비되어 있어야 한다.

그렇게 하는 것을 즐기며 끊임없이 계속해 나가야 한다. 얼마나 더 오랜 시간을 참아야 하는지 추적하거나 계산하지 마라. 시간만 낭비할 뿐이다.[78]

내가 가장 많이 듣는 기분 나쁜 말은 "너는 너무 어려서 세상을 잘 모른다"는 말이다. 하지만 역사의 대부분은 젊은이들에 의해 만들어졌고 그들이 나이가 든 다음에 명성을 얻었을 뿐이다. 무언가를 진정으로 배우는 유일한 방법은 직접 해 보는 것이다. 안내를 따르는 것도 좋지만 너무 오래 기다리지는 마라.[3]

> 사람들은 이상하리만큼 변화하지 않는다. 마땅하다고 생각하는 것을 얻을 때까지 장점이든 단점이든 같은 패턴을 반복하면서 업보를 쌓는다.
> 늘 선행을 베풀어라. 너무 계산적으로 살지 말아라.

선행을 베푸는 것이 쉽다고 말하는 것은 아니다. 절대로 쉽지 않다. 실제로 말도 못 하게 힘들다. 어쩌면 당신이 하게 될 가장 어려운 일일지 모른다. 그러나 선행은 보람 있는 일이다. 부자로 태어난 어린아이들을 보라. 그들의 삶에 무슨 의미가 있겠는가?

당신의 진짜 이력서에는 당신이 겪은 모든 고통이 빠짐없이 담겨 있다. 당신이 죽음을 앞에 두고 있는 상황에서 그동안 당신이 행한 흥미로운 일을 되돌아보면서 당신의 진짜 삶에 관해 이야기해 달라고 요청한다면, 아마도 그 이야기는 당신이 평생 치른 희생과 힘든 일에 관한 이야기들이 될 것이다.

당신이 무엇을 가지고 태어났는지는 중요하지 않다. 물론 우리는 모두 팔다리, 머리, 피부 등을 가지고 태어났다. 우리는 그것을 당연하게 여긴다. 하지만 우리 인생에서 자신만의 의미를 창조하려면 어려운 일들을 해내야 한다. 돈을 버는 것도 좋은 선택이다. 나가서 싸워라. 물론 어려울 것이다. 정말 쉽지 않은 일이겠지만 찾아보면 사용할 수 있는 도구들이 얼마든지 있다.[77]

물질세계에서는 돈으로 자유를 살 수 있다. 물론 돈이 있다고 해서 당신이 행복해지는 것도 아니고 당신의 건강 문제를 해결하지도 못한다. 돈이 있다고 해서 당신의 가족이 위대해지는 것도 아니고 당신이 더 멋진 사람이 되는 것도 아니며 평온한 사람이 되는 것도 아니다. 그러나 돈은 많은 외부 문제를 해결해 준다. 그러므로 당신이 열심히 돈을 버는 것은 결코 나쁜 일이 아니다.[10]

그러나 돈을 버는 것은 돈 문제를 해결하는 것뿐이다. 돈이 행복해지는 데 방해가 될 수 있는 일련의 것들을 제거할 수는 있지만 그렇다고 해서 당신이 행복해지는 것은 아니다. 나는 매우 부유한데도 불행한 사람들을 많이 알고 있다. 대부분 돈을 벌기 위해서는 열심히 일해야 할 뿐 아니라 불안과 스트레스를 이겨내야 하고 경쟁심이 강해야 한다. 몇십 년 동안 그렇게 살다 보면 돈을 많이 번 후에도 사는 습관을 버릴 수 없다. 그래서 이제부터는 행복해지는 법을 배워야 한다.[11]

나는 부자라고 해서 그다지 특별하게 생각하지 않는다. 알다시피 부처님도 왕자였기 때문이다. 그는 정말 부자로 태어났지만 모두 버리고 숲속으로 떠났다. 옛날에는 내면의 평화를 다스리고 싶을 때 수도승이 되었다. 그들은 섹스, 자녀, 돈, 정치, 과학, 기술 등 모든 것을 포기하고, 혼자서 숲속으로 떠났다. 내면의 자유를 얻기 위해서는 모든 것을 포기해야 했기 때문이다.

그러나 오늘날에는 돈이라는 놀라운 발명품을 이용해 그 모든 것을 은행 계좌에 보관할 수 있다. 당신은 수도승이 되지 않아도 열심히 일하며 사회를 위해 위대한 일을 할 수 있다. 사회가 원하지만, 얻는 방법을 모르는 것을 제공하면 얼마든지 돈을 벌 수 있기 때문이다. 당신이 버는 것보다 적은 돈으로 살면서 돈을 저축할 수도 있고 어느 정도 자유를 누릴 수도 있다.

돈은 당신에게 내면의 평화와 행복을 추구할 시간과 에너지를 줄 수도 있다. 모든 사람을 행복하게 만드는 해결책은 그들이 원하는 것을 주는 것이라고 생각한다.

모두를 부자로 만들어 주자.
모두를 멋지고 건강하게 만들어 주자.
그런 다음 모두를 행복하게 만들어 주자.[77]

얼마나 많은 사람이 부와 지혜를 혼동하는지 놀라울 정도다.

　　　　　　　　　　　　　나발 라비칸트의 부와 행복의 원칙

판단력을 키우는 방법

> 현명해지기 위한 지름길은 없다.

판단력을 가져라

확실하게 예측 가능한 방식으로 평생 부자가 되고 싶다면, 최신 트렌드를 따라가며 기술, 디자인, 예술을 공부하고, 무엇이든 선택한 분야에 정말로 능숙해져야 한다.[1]

> 시간을 쓰면서 돈을 저축한다고 해서 부자가 되는 것은 아니다.
> 돈을 벌기 위해 시간을 절약해야만 부자가 될 수 있다.

열심히 노력하는 것이 중요하지만 사실 노력이 과대평가된 측면이 있다. 현대 경제에서는 열심히 일하는 것이 그리 중요하지 않다.

그렇다면 과소평가된 것이 있나요?

판단력이다. 바로 판단력이 과소평가되었다.[1]

판단력을 어떻게 정의할 수 있나요?

나는 지혜를 '자신의 행동이 가져올 장기적인 결과를 아는 것'이라고 정의한다. 외부 문제에 적용되는 지혜가 바로 판단력이다. 우리는 자신의 행동이 가져올 장기적인 결과를 알아야 이를 활용해 올바른 결정(판단)을 내릴 수 있기 때문이다.[78]

> 지렛대 시대에는 올바른 결정 하나가 모든 것을 좌우한다.
> 열심히 노력하지 않으면 판단력도 지렛대도 발전시킬 수 없다.

물론 성공하기 위해서는 시간도 투자해야 하지만 판단력이 더 중요하다. 특히 지렛대를 사용할 때는 얼마나 빨리 움직이느냐보다 방향이 얼마나 올바르냐가 더 중요하다. 모든 결정에서 올바른 방향을 선택하는 것이 얼마나 많은 힘을 들이느냐보다 훨씬 더 중요하다. 걷기 시작하려면 먼저 올바른 방향을 선택하고 출발하라.[1]

명료하게 생각하라

> '명료하게 생각하는 사람'이 '똑똑한 사람'보다 더 나은 칭찬이다.

진정한 지식은 내재적인 것으로 기본부터 철저하게 구축되어야 한다. 수학으로 예를 들어보자면 산술과 기하학을 이해하지 않고 서는 삼각법을 이해할 수 없는 것과 같은 이치다. 누군가가 화려한 단어나 두루뭉술한 개념을 많이 사용한다면 아마 자신이 무슨 말을 하는지도 모를 것이다. 나는 어린아이에게도 상황을 잘 설명할 수 있는 사람이 가장 현명한 사람이라고 생각한다. 어린아이에게 잘 설명할 수 없다면, 당신은 그것을 잘 모르는 것이다. 그것이 상식이고 진실이다.

리처드 파인먼Richard Feynman은 그의 초기 물리학 강의 '여섯 가지 물리 이야기'(Six Easy Pieces)에서 어려운 물리학을 명료하고 알기 쉽게 설명한 것으로 유명하다. 그는 기본적으로 수학을 단 세 페이지로 설명한다. 그는 수직선(계산)부터 시작해서 미적분학 전 단계까지 다룬다. 그는 끊기지 않는 논리 사슬을 통해 자신의 설명을 수행해 나가며 어떤 난해한 정의도 언급하지 않는다.

정말 똑똑한 사람은 명료하게 생각하는 사람이다. 그들은 아주 기본적인 수준에서 기본적인 것들을 이해한다. 나는 온갖 복잡한 개념을 외우는 것보다는 기본적인 것을 정말로 잘 이해하고 싶다. 필요할 때 기본에서 개념을 다시 도출할 수 없다면 길을 잃을 수밖에 없다. 그것은 그냥 암기하고 있는 것뿐이다.[4]

어느 분야의 고급 개념은 아직 완전히 입증되지 않았다. 우리는 우리가 많이 알고 있다는 것을 드러내기 위해 그 개념을 사용하지만 차라리 기본 지식을 확실히 아는 것이 더 나을 것이다.[11]

> 명료하게 생각하는 사람은 자신의 정당한 권위에 호소한다.

효과적인 결정을 내리는 것은 결국 현실을 제대로 다루는 문제이기도 하다. 당신은 결정을 내릴 때 현실을 제대로 다루고 있는지를 어떻게 확인하는가?

강한 자아감, 판단력, 침착성이 없으면 현실을 제대로 다룰 수 없다. '집중하지 못하는 마음'은 '세상이 어떠해야 한다고 생각하느냐'라는 질문에 늘 아무 생각 없이 반복하는 감정 반응을 보일 것이다. 그리고 그런 반응이 당신의 현실을 흐리게 할 것이다. 사업에 정치가 결부될 때 이런 일이 자주 발생한다.

현실을 올바로 볼 수 없게 만드는 가장 큰 이유는 우리가 현실이 어떠해야 하는지에 대한 선입견을 품고 있기 때문이다.

고통의 순간에 대한 한 가지 정의는 '사물을 있는 그대로 보는 순간'이다. 예를 들어, 당신은 회사가 잘 나가고 있다고 확신했지만 실제로는 잘 안된다는 징후를 무시해 왔다고 가정해 보자. 회사는 계속 잘 안되는데 현실을 외면하다 보면 계속해서 어려움을 겪게 된다. 당신은 그것을 자신에게 숨겨 왔다.

다행히 좋은 소식은 고통의 순간, 즉 당신이 고통을 겪는 순간이 진실의 순간이라는 점이다. 현실을 있는 그대로 받아들일 수밖에 없는 순간이다. 그러면 의미 있는 변화와 발전을 이룰 수 있다. 당신은 진실로 새 출발 할 때만 발전할 수 있다.

어려운 것은 진실을 직시하는 것이다. 진실을 제대로 보려면, 자아가 당신을 방해하지 못하게 해야 한다. 당신의 자아는 진실을 직면하고 싶어 하지 않기 때문이다. 당신의 자아를 더 작게 만들수록 조건화된 반응을 줄일 수 있고, 원하는 결과에 대한 욕구를 줄일수

나발 라비칸트의 부와 행복의 원칙

록 현실을 보기가 더 쉬워진다.

> 우리가 진실이기를 바라는 것이, 정작 무엇이 진실인지에 대한 우리
> 의 인식을 흐리게 만든다.
> 고통의 순간은 우리가 더이상 현실을 부정할 수 없는 순간이다.

우리가 이별, 실직, 사업 실패, 건강 문제 등 어려운 일을 겪고 있는데 친구가 우리에게 조언한다고 생각해 보자. 사실 친구의 조언은 들어보지 않아도 뻔하다. 길게 생각할 것도 없다.

"이봐, 그 여자 그만 잊어버려. 어차피 자네에게 잘 맞지도 않았어. 이제 나아질 거야. 날 믿으라고. 곧 다른 사람을 만나게 될 테니까."

친구의 조언은 정답이지만, 우리는 아직 고통의 순간에 있으므로 들리지 않는다. 우리는 고통이 여전히 현실이 아니기를 바란다. 문제는 현실이 아니다. 문제는 우리의 욕망이 현실과 부딪히면서 친구가 아무리 정답을 말해줘도 진실을 보지 못하게 방해한다는 점이다.

우리가 결정을 내릴 때도 마찬가지다. 어떤 일이 특정한 방식으로 해결되길 바라는 마음이 커질수록 진실을 볼 가능성은 줄어든다. 특히 사업에 있어서 일이 잘 안되면 공개적으로 인정하려고 노력해야 한다. 공동 창업자나 친구, 동료들 앞에서도 공개적으로 인정하려고 노력해야 한다는 말이다. 그러면 그 문제를 다른 누구에게도 숨기지 않게 될 것이다. 내가 그 문제를 숨기지 않는다면 실제로 무슨 일이 일어나고 있는지에 대해 나 자신을 속이지 않을 것이다.[4]

> 당신의 느낌은 사실에 대해 아무것도 알려 주지 않는다. 단지 사실에 대해 당신이 추정하는 것을 말해 줄 뿐이다.

우리 삶에 빈 곳을 두는 것이 매우 중요하다. 회의에 참석하지 않아도 되고, 늘 바쁘지 않아도 되는 날이 일주일에 하루 이틀 정도도 없다면 당신은 생각할 겨를이 없을 것이다.

당신의 사업에 대한 좋은 아이디어도 생각해 낼 수 없을 것이다. 좋은 판단도 내릴 수 없을 것이다. 그러므로 일주일에 적어도 하루 정도는(이틀을 잡아도 실제로는 하루밖에 내지 못할 것이므로 되도록 이틀) 생각할 시간을 갖도록 하자.

하루 이틀은 충분히 쉬어야 비로소 훌륭한 아이디어가 떠오른다. 계속 쉬지 않고 스트레스를 받거나 바쁘게 뛰어다니거나 서두를 때에는 아이디어가 떠오르지 않을 것이다. 그러니 생각할 시간을 가져라.[7]

> 아주 똑똑한 사람들은 모든 것을 스스로 생각하려고 고집하기 때문에 괴팍스러운 경향이 있다.

> 반대론자는 늘 반대만 하는 사람이 아니다. 그들은 다른 종류의 순응주의자다. 반대론자는 처음부터 독립적으로 추론하며 순응하라는 압력에 저항하는 사람이다.

> 냉소주의와 모방은 쉽다.
> 낙관적인 반대론자야말로 가장 희귀한 유형이다.

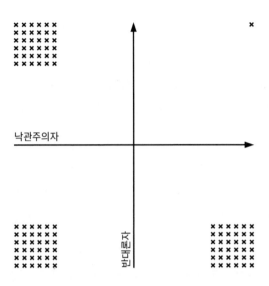

낙관주의자

반대론자

선입견을 버리고 현실을 보라

우리의 자아는 생애 첫 20년 동안에 걸쳐 우리의 환경, 부모, 사회에 의해 형성된다. 그 이후의 생애는 자아를 행복하게 만들기 위해 노력하는 시기다. 우리는 자아를 통해 우리가 접하는 새로운 것들을 해석한다. "어떻게 하면 외부 세계를 내가 원하는 대로 바꿀 수 있을까?[8]

> "긴장은 당신이 어떤 사람이 되어야 한다고 생각하는 것이고, 평안은 당신이 실제로 그런 사람이 되는 것이다."
> ― 불교의 가르침

우리는 습관이 제 기능을 발휘하도록 해 주어야 한다. 인생의 문제들은 우리가 살면서 처음 맞닥뜨리는 것이므로 그 모든 문제를 해결할 수는 없지만, 우리는 제대로 기능하는 습관을 길러야 한다. 인생의 문제들을 우리의 정체성, 자아, 자신이라는 묶음에 넣은 다음 우리 것으로 삼아야 한다. "나는 나발이에요. 이것이 바로 내 모습입니다."

하지만 어떤 습관의 경우, 그 습관에 얽매이지 않고 자신으로부터 분리하는 것이 중요하다. "그래, 이건 내가 어렸을 때부터 부모님의 관심을 끌기 위해 배웠던 습관이었지. 나는 크면서 그 습관을 계속 강화했고 이제는 그것을 내 정체성의 일부라고 부를 정도야. 하지만 그 습관이 아직도 나에게 도움이 되는 것일까? 그것이 나를 더 행복하게 만들어 주는가? 나를 더 건강하게 만들어 주는가? 내가 계획한 모든 것을 성취하게 해 주는가?"

나는 다른 사람들에 비해 습관성이 그렇게 강하지 않다. 나는 하루를 하나의 틀에 맞추는 것을 좋아하지 않는다. 그나마 내가 가지고 있는 습관을 과거에 우연히 생긴 것으로 보기보다는 가급적 의도적인 것으로 만들려고 노력하는 편이다.[4]

> 우리가 일괄적으로 받아들이게 된 모든 믿음(예: 민주당, 가톨릭, 미국)은 의심스러운 것이며 기본적 관점에서 재평가되어야 한다.

나는 가급적 선입견을 갖지 않으려고 노력한다. 나는 무언가를 미리 정의하거나 꼬리표를 붙이는 것은 우리의 판단력을 가두어

진실을 보지 못하도록 방해하는 것으로 생각한다.

> 미리 정의된 의견에 영향을 받지 말고 솔직하게 말하라.

나는 그동안 나 자신이 자유주의자라고 말해왔지만, 자유주의 규범의 일부라는 이유로 내가 미처 생각하지 못했던 몇 가지 입장들을 방어하는 나 자신을 발견했다. 당신의 모든 믿음이 습관적으로 당연한 것으로 정리되어 있다면 그에 대해 의심해 볼 필요가 있다.

나는 거의 모든 수준에서 무언가에 대한 정의를 미리 확립해 놓는 것을 좋아하지 않는다. 덕분에 당연하게 받아들이는 믿음을 그다지 많이 갖지 않게 되었다.[4]

> 우리는 모두 사회가 거부하는 상반된 신념을 가질 수 있다. 그러나 우리 자신이 미리 내려놓은 정의와 기존의 주장이 거부할수록 그것은 더 현실적일 가능성이 높다.

장기적으로 고통 받는 것의 교훈이 두 가지 있다. 하나는 우리가 세상을 있는 그대로 받아들이게 한다는 것이고, 또 다른 교훈은 우리의 자아를 극도로 어렵게 변화시켜 준다는 것이다. 당신은 경쟁심이 강한 운동선수여서 이소룡처럼 심하게 다칠 수도 있다. 이 경우 당신은 운동선수가 되는 것이 당신의 유일한 정체성이 아니라는 것을 받아들여야 하며, 이소룡처럼 철학자로서 새로운 정체성을 찾을 수도 있다.[8]

페이스북과 트위터도 이름과 디자인을 새롭게 바꾸었다. 우리의 성격, 경력, 팀도 재설계가 필요하다. 변화하는 시스템에서 영구적인 해결책은 없다.

긴장은 당신이 어떤 사람이 되어야 한다고 생각하는 것이다.

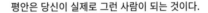

평안은 당신이 실제로 그런 사람이 되는 것이다.

의사 결정 기술을 배워라

고전적 덕목은 모두 단기적인 것이 아니라 장기적인 것에 최적화되기 위한 경험적 의사 결정 방법이다.[11]

이기적인 결론을 내리려면 더 높은 기준을 적용해야 한다.

나는 향후 몇 년에 걸친 목표를 볼 때 가급적 이전에 학습된 반응이나 습관화된 반응에 얽매이지 않으려고 노력한다. 따라서 기억이나 미리 정의된 경험적 방법 및 판단에 의존하지 않고 그 순간에 적합한 결정을 더 깔끔하게 내릴 수 있다.[4]

> 우리는 경험에 따라 빠르게 의사 결정을 내리지만 우리의 경험은 편견인 경우가 많다. 그러므로 중요한 결정을 위해서는 기억이나 미리 알고 있는 정의를 버리고 그 문제 자체에 집중하라.

완벽한 정직함(radical honesty)을 추구하는 것은 내가 자유롭고 싶다는 의미이기도 하다. 자유롭다는 것은 내가 생각하는 바를 말할 수 있고 내가 말하는 바를 생각할 수 있다는 것을 의미한다. 그러니까 생각과 말이 언제나 일치되는 상태다.

이론 물리학자 리처드 파인먼은 "누구도 속여서는 안 된다. 속이기 가장 쉬운 사람은 바로 당신이다"라는 유명한 말을 남겼다. 당신이 누군가에게 부정직한 말을 하는 순간, 당신은 자신에게 거짓말을 한 것이다. 이후부터 당신은 자신의 거짓말을 믿기 시작하고, 당신을 현실과는 동떨어진 잘못된 길로 이끌 것이다.

> 나는 무엇을 '좋아한다'거나 '좋아하지 않는다'라고 말하지 않는다. 다만 '이건 이런 것이다'라거나 '이건 이런 것이 아니다'라고 생각할 뿐이다. ― 리처드 파인먼

솔직하게 말하는 것은 정말 중요하다. 나는 부정적이거나 불쾌한 일은 자원해서 하지 않는다. 나는 온전한 정직함과, 워런 버핏이 오랫동안 지켜온 규칙, 즉 '칭찬은 구체적으로, 비판은 개괄적으로'라는 규칙을 따르려고 노력한다. 물론 늘 엄격하게 따르지는 못하지만 내 인생에 변화를 불러올 만큼은 충분히 지키고 있다고 생각한다.

누군가에 대해 비판할 것이 있으면 그 사람을 비판하지 말고 그 사람의 일반적인 접근 방식이나 활동 유형을 비판하라. 반면 누군가를 칭찬할 때는 늘 그 사람이 칭찬받을 만한 가장 좋은 사례를 찾아 구체적으로 칭찬하라. 그러면 그들의 자존심과 정체성이 당신에게 유리하게 작용할 것이다.[4]

본능적이고 직설적인 정직성을 키우는 능력에 대해 조언해 줄 수 있나요?

자신의 생각을 모든 사람에게 말하라. 지금부터 하라. 꼭 직설적일 필요는 없다. 카리스마는 자신감과 사랑을 동시에 보여 주는 능력이다. 정직하고 긍정적인 생각을 하면 카리스마는 거의 늘 나타나게 되어 있다.[71]

엔젤리스트의 투자자이자 경영자로서 당신은 다른 사람들이 틀린 결정을 했을 때 올바른 결정을 함으로써 보상을 받습니다. 의사 결정 방법에 대한 프로세스가 있나요?

그렇다. 의사 결정이 가장 중요하다. 실제로 시간의 80%를 사용하더라도 올바른 결정을 내리는 사람이 시장에서 수백 배 더 많은 가치와 보상을 받게 될 것이다.

내 생각에는 사람들이 지렛대에 대한 근본적인 사실을 이해하는 데 어려움을 겪는 것 같다. 내가 10억 달러를 운용하면서 다른 사람보다 더 옳을 확률이 10% 더 높다면, 나의 의사 결정으로 인한 결과가 1억 달러 상당의 가치를 만들어낼 수도 있다. 오늘날 기술이 발전하고 인력과 자본이 대규모화되면서 우리의 올바른 결정이 점점 더 큰 지렛대로 간주된다.

당신이 지금보다 더 옳고 더 합리적일 수 있다면 인생에서 훨씬 더 큰 수익을 얻게 될 것이다. 나는 셰인 패리시가 운영하는 블로그 '파남 스트리트Farnam Street'를 좋아한다. 이 블로그는 우리가 더 정확하고 더 나은 의사 결정을 내릴 수 있도록 돕는 데 중점을 두고 있기 때문이다. 다시 강조하지만 의사 결정이 가장 중요하다.[4]

> 시장에 대해 더 많이 알수록 투자 다각화를 줄일 수 있다.

훌륭한 멘탈 모델을 가져라

의사 결정 중에 우리의 뇌는 기억을 기반으로 앞으로 일어날 일을 예측하는 기계가 된다.

기억을 기반으로 미래를 예측하는 형편없는 방법의 하나는 "과거에 X가 발생했으므로 미래에도 X가 일어날 것이다"라는 것이다. 이는 너무 특정한 상황을 기반으로 하는 것이다. 하지만 우리가 원하는 것은 일반적인 원칙이다. 우리는 멘탈 모델(Mental model, 마음이 외부 현실을 표현하는 방식으로 마음이 인지, 추론 및 의사 결정에서 중요한 역할을 한다는 이론)을 원한다.

내가 아는 한 최고의 멘탈 모델은 진화, 게임 이론 그리고 찰리 멍거Charlie Munger를 통해 발전해 왔다. 찰리 멍거는 워런 버핏의 파트너이자 아주 위대한 투자자다. 그는 훌륭한 멘탈 모델을 정말 많이 가지고 있다. 작가이자 트레이더인 나심 탈레브Nassim Taleb나 벤저민 프랭클린Benjamin Franklin 같은 사람들도 훌륭한 멘탈 모델의 소유자들이다. 나도 늘 내 머릿속에 멘탈 모델을 채우려고 애쓴다.[4]

나는 나 자신은 물론 다른 사람의 트위터 글들을, 그동안 내가 살면서 배운 것을 압축하고 기억하도록 도와주는 수단으로 삼는다. 우리의 뇌 공간은 유한하므로(우리는 유한한 뉴런을 가지고 있다) 나는 그 글들을 마음속 깊은 곳에 자리 잡은 원칙들을 기억하는 데 도움을 주는 신호, 주소 또는 연상기호로 간주한다. 바로 그 원칙들 속에 멘탈 모델을 뒷받침할 저변의 경험이 들어 있기 때문이다.

저변의 경험이 없다면 트위터 글들은 단지 인용문 모음에 지나지 않을 것이며, 그저 한순간의 멋진 영감을 주는 글로 멋진 포스터나 한 장 만들 수 있을지 몰라도 당신은 금방 잊어버리고 말 것이다. 결국 멘탈 모델은 실제로 우리의 지식을 기억하는 함축된 방법일 뿐이다.[78]

진화

나는 상당수의 현대 사회는 진화를 통해 설명될 수 있다고 생각한다. 진화에 대한 한 가지 이론은, 누가 짝을 얻느냐라는 질문에 답하기 위해 문명이 존재한다는 것이다. 짝을 이루는 것을 단지 성적인 선택이라는 관점에서 주위를 둘러보면, 정자는 많고 난자는 부족하다. 그러므로 문명은 배분의 문제라는 것이다. 말 그대로 인류와 여성이 하는 모든 일은 결국 짝을 찾는 문제를 해결하려는 사람들에게서 추적될 수 있다는 것이다.

진화, 열역학, 정보 이론 및 복잡성 이론(complexity theory, 복잡한 시스템 내에서 다양한 요소들이 서로 다른 방식으로 상호 작용한다는 이론)은 삶의 여러 측면에서 설득력과 예측력을 가지고 있다.[11]

생각의 반전

나는 무엇이 효과가 있을지 아는 능력이 없다고 생각한다. 그래서 나는 효과가 없으리라고 생각하는 것을 제거하려고 노력한다. 나는 성공이라는 것도 단지 실수하지 않는 것으로 생각한다. 성공은 반드시 올바른 판단을 한다는 의미가 아니라 잘못된 판단을 피하는 것으로 생각한다. [4]

복잡성 이론

나는 90년대 중반에 복잡성 이론에 빠진 적이 있다. 복잡성 이론에 대해 더 많이 알수록 우리가 가지고 있는 지식과 예측 능력의 한계를 더 많이 이해하게 되었다. 복잡성 이론은 내게 큰 도움이 되었다. 내가 전혀 모르는 상태에서 직면한 운영 시스템을 이해하는 데 많은 도움이 되었다. 나는 우리가 근본적으로 무지할 뿐 아니라 미래를 잘 예측하지도 못한다고 생각한다.[4]

경제학

미시경제학과 게임 이론은 기본 이론이다. 수요-공급, 노동-자본, 게임 이론, 그 밖의 다른 기본적인 이론들을 제대로 이해하지

못하고는 비즈니스에서 성공하거나 대부분의 현대 자본주의 사회를 탐색할 수 없다고 생각한다.[4]

> 의미 없는 정보는 무시하라. 시장이 알아서 결정할 것이다.

본인-대리인 문제

나는 본인-대리인 문제가 미시경제학에서 가장 근본적인 문제라고 생각한다. 본인-대리인 문제를 이해하지 못하면 세상을 통해 당신의 길을 탐색하는 방법을 알지 못할 것이다. 성공적인 회사를 만들거나 거래에 성공하려면 이 문제를 이해하는 것이 중요하다.

사실 그것은 아주 간단한 개념이다. 로마의 정치가 줄리어스 시저Julius Caesar는 이런 유명한 말을 남겼다. "그 일을 끝내고 싶으면 직접 가고, 그렇지 않다면 사람을 보내라." 즉 당신이 어떤 일을 제대로 하고 싶다면 그 일을 직접 해야 한다는 것이다. 당신이 '본인'일 때 비로소 당신은 주인이 된다. 주인은 일에 관심을 갖고 훌륭하게 해내려고 노력한다. 반면 당신이 대리인 자격으로 다른 사람을 대신해서 그 일을 하고 있다면 일을 그르칠 수 있다. 당신은 그 일에 관심이 없으며, 본인의 자산보다는 당신 자신의 이익을 우선할 뿐이다.

회사의 규모가 작을수록 사람들의 주인 의식은 크다. 대리인이라는 생각을 적게 할수록 일을 더 잘할 수 있다. 다른 사람들이 창출한 가치에 정확한 가치를 매기고 적합한 보상을 해 줄수록 그들은 대리인이 아니라 주인답게 행동한다.[12]

우리는 모두 이를 기본적 핵심으로 이해해야 한다. 우리는 주인의식을 가진 사람들에게 끌리고 그런 사람들과 관계를 맺지만, 미디어와 현대 사회는 지식이 풍부한 대리인이 중요하기 때문에 대리인이 필요하다고 우리를 세뇌시킨다.[12]

복리

사람들은 대부분 금융적으로 복리를 이해하고 있다. 복리에 대해 모른다면 미시경제학 교과서를 처음부터 끝까지 다시 읽어 보시라.

1달러로 연간 10%를 벌고 있다고 가정해 보자. 첫해에 10%를 벌면 연말에 1.10달러가 될 것이다. 그다음 해에는 1.21달러, 또 그다음 해에는 1.33달러가 된다. 당신의 돈이 이런 식으로 계속 늘어난다. 만일 연 30%씩 30년 동안 복리로 늘어난다면 당신의 돈은 10배, 20배가 아니라 수천 배로 늘어날 것이다.[10]

그런데 다른 영역에서도 이러한 복리 규칙이 적용된다. 현재 100명의 소비자가 있는 회사가 월 20%씩 복리의 속도로 성장한다면 매우 빠른 속도로 100만 명 규모에 이를 것이다. 아마 이 회사의 창업자조차도 회사가 얼마나 빨리 성장하는지 알면 놀랄 것이다.[10]

기초 수학

나는 기초 수학이 정말로 과소 평가되었다고 생각한다. 돈을 벌거나 투자하려고 할 때 기초 수학은 정말 도움이 된다. 당신이 사업을 하려고 할 때 기하학, 삼각법, 미적분학같이 복잡한 것들을 배울 필요는 없다. 그러나 산술, 확률 및 통계는 꼭 알아야 할 필요가 있다. 그런 기초 수학이 매우 중요하기 때문이다. 기초 수학책을 열고 곱하기, 나누기, 복리 계산, 확률, 통계에 능숙한지 확인해 보라.

블랙 스완

일어날 확률이 극히 희박한 사건과 관련된 새로운 확률 통계 분야가 있다. 바로 블랙 스완Black Swans이다. 블랙 스완은 극단적인 확률을 말한다. 여기서 나는 우리 시대의 가장 큰 철학자이자 과학자 중 한 명인 나심 탈레브를 다시 언급하지 않을 수 없다. 그는 저서 『블랙 스완』에서 이 용어를 처음 사용하면서 미국의 경제 위기를 예측하는 등 많은 선구적인 작업을 수행했다.

미적분학

미적분학은 변화의 속도와 자연이 작동하는 방식을 이해하는 데 유용하다. 그러나 더 중요한 것은 작은 별개의 연속적인 사건의 변화를 측정하는 미적분학의 원리를 이해하는 것이다. 어려운 적분 문제나 파생 문제를 푸는 것은 비즈니스 세계에서 필요하지 않기 때문에 그리 중요하지 않다.

반증 가능성

가장 이해되지 않으면서도 자기들 편에서는 '과학'이라고 주장하는 사람들에게 가장 중요한 원칙이 바로 반증 가능성(Falsifiability)이

나발 라비칸트의 부와 행복의 원칙

다. 반증 가능한 예측을 하지 못하면 그것은 과학이라고 할 수 없다. 무언가가 사실이라고 믿기 위해서는 예측력이 있어야 하고 반증 가능해야 한다.[11]

나는 거시경제학이 반증 가능한 예측을 하지 못하기 때문에 부패했다고 생각한다. 거시경제를 공부할 때는 반증을 찾아볼 수 없다. 미국 경제를 가지고는 동시에 두 가지 실험을 수행할 수 없다.[4]

결정할 수 없다면 '아니오'라고 답하라.

다음과 같은 어려운 선택에 직면했다고 가정해 보자.

→ 이 사람과 꼭 결혼해야 할까?

→ 이 일을 꼭 해야 할까?

→ 이 집을 꼭 사야 할까?

→ 이 도시로 꼭 이사해야 할까?

→ 이 사람과 꼭 함께 사업을 시작해야 할까?

당신이 결정할 수 없다면, 대답은 '아니오'이어야 한다. 그 이유는 현대 사회가 수많은 선택으로 가득 차 있기 때문이다. 우리는 70억 명이 넘는 행성에 살고 있으며 인터넷으로 모든 사람과 연결되어 있다. 우리 앞에는 수십만 개의 직업들이 있어서 선택을 놓고 혼이 빠질 지경이다.

하지만 우리는 얼마나 많은 선택이 있는지 깨닫기 위해 생물학적으로 만들어진 존재가 아니다. 역사적으로 인류는 150여 명으로 구성된 부족의 형태로 진화해 왔다. 그래서 부족 안에서 누군가를 만나면 그 사람을 짝으로 선택할 수밖에 없었을 것이다.

우리는 일단 무언가를 선택하면 오랫동안 그 선택에 얽매이게 된다. 회사 하나를 창업하면 10년은 그 회사를 위해 일해야 할지 모른다. 누군가와 사귀기 시작하면 5년 이상 지속될 수도 있다. 어느 도시로 한번 이사하면 그곳에서 10년에서 20년 동안 살 수도 있다. 이런 것들은 오랜 시간에 걸쳐 내리는 결정이다. 따라서 우리가 무언가에 확신이 설 때만 '예'라고 말하는 것이 매우 중요하다. 물론 절대적으로 확신하지는 못해도 어느 정도 확신할 수는 있다.

당신이 어떤 결정을 할 때 그 결정에 대한 예-아니오, 장점-단점, 견제-균형, 좋은지-나쁜지를 판단하기 위해 체크리스트를 만든다면 당장 그만둬라. 당신이 결정할 수 없다면 대답은 '아니오'다.[10]

오르막길 달리기

> 단순한 경험에 따르면: 어려운 결정을 놓고 생각이 양분되면, 단기적으로 더 고통스러운 길을 택하라.

당신 앞에 두 가지 선택지가 팽팽히 맞서고 있다면 단기적으로 더 어렵고 고통스러운 길을 택하라.

두 선택지 중 하나는 단기적 고통을 요하고 나머지 다른 길은 장래에 더 큰 고통을 초래할 경우, 이 상황에서 당신의 두뇌는 갈등을 피하고자 단기적 고통을 밀어내려고 노력한다.

두 선택지가 팽팽히 맞서고 어느 한쪽이 단기적으로 더 고통스럽다면 그 길이 장기적으로 이익일 가능성이 높다. 복리의 법칙에 따라 당신은 장기적인 이익을 선택해야 한다.

우리의 뇌는 단기적 행복 측면을 과대평가하고 단기적 고통 측면을 피하려는 경향이 있다. 따라서 우리는 의도적으로 고통 쪽으로 무게 중심을 가져가면서 고통을 피하려는 경향(강력한 잠재의식)을 극복해야 한다. 알다시피 인생에서 얻는 이익 대부분은 단기적 고통을 극복하는 데에서 나오며, 그럼으로써 장기적 보상을 받는 것이다.

운동하는 것은 별로 재미있는 일이 아니다. 하지만 나는 운동을 통해 단기적 고통을 감수한다. 운동이 근육을 만들어 주거나 나를 더 건강하게 해 주기 때문에 장기적으로는 내게 더 유익하다.

내가 책을 읽으면서 더 혼란을 겪는 것은, 내 뇌가 자극받는 것을 제외하고는 운동이 근육에 통증을 가져오거나 피곤하게 만드는 것과 비슷하다. 장기적으로는 능력의 한계까지 운동함으로써 건강해지는 것처럼, 독서는 새로운 최신 개념을 흡수하게 해 주기 때문에 나를 더 똑똑하게 만들어 준다. 그러므로 단기적 고통이 따르더라도 장기적인 이익을 줄 수 있는 결정을 하기 바란다.

새로운 멘탈 모델을 구축하는 가장 효율적인 방법은 무엇인가요?

책을 많이 읽어라. 독서가 답이다.[2]

> 과학, 수학, 철학책들을 하루에 1시간씩만 읽으면 7년 안에 더 높은 성공 단계에 이르게 될 것이다.

책 읽기를 좋아하는 법을 배워라

(책, 블로그 등에 대한 구체적 추천은 부록에 있음.)

자라면서부터 독서를 진정으로 좋아하는 것은 강력한 힘을 발한다. 우리는 알렉산드리아 시대부터 오늘날까지 쓰인 모든 책과 지식들을 손가락 한 번 클릭으로 볼 수 있는 시대에 살고 있다. 오늘날은 배우기 위한 수단은 얼마든지 있지만 배우고자 하는 욕망이 없는 시대다.[3]

> 독서는 내 첫사랑이었다.[4]

나는 인도의 조부모 집을 기억한다. 나는 어린 시절 마룻바닥에 앉아 할아버지가 갖고 계신 〈리더스 다이제스트〉를 처음부터 끝까지 읽곤 했다. 물론 오늘날에야 읽을거리가 많아서 누구나 무엇이든 늘 읽을 수 있지만 당시에는 그것밖에 읽을 게 없었다. 나는 만화책, 동화책 등 구할 수 있는 것은 닥치는 대로 읽곤 했다.

나는 사실 사교성이 적은 내성적 성격이었기 때문에 늘 책 읽는 것을 좋아했다. 나는 어릴 때부터 말과 아이디어의 세계에 흠뻑 빠졌다. 아마도 내가 어렸을 때 특정 분야의 책을 읽으라고 강요한 사람이 없었던 행복한 환경도 한몫한 것 같다.

부모님과 선생님들은 "오, 이런 건 읽어야 해, 하지만 저런 건 읽지 말거라."라고 말하는 경향이 있는 것 같다. 나는 오늘날의 기준에 따르면 정신적 정크 푸드로 간주될 만한 것들도 많이 읽었다.[4]

나발 라비칸트의 부와 행복의 원칙

> 독서가 좋아질 때까지 좋아하는 책을 읽어라.

당신은 지금 읽고 있는 주제의 책을 읽는 것은 당신이 그 분야에 관심이 있기 때문이다. 다른 이유가 필요하지 않다. 독서하는 데 무슨 성취해야 할 사명 같은 건 없다. 단지 그것을 즐기기 위해 읽으면 된다.

요즘, 나는 새로운 책을 읽는 것만큼이나 이미 읽은 책을 다시 읽고 있다. @illacertus라는 트위터 계정에 이런 글이 있다. "나는 모든 책을 읽고 싶지는 않다. 100권의 위대한 책을 반복해서 읽고 싶을 뿐이다." 나는 그 아이디어에 많은 것이 있다고 생각한다. 자신에게 맞는 훌륭한 책을 찾는 것이 중요하다는 얘기다. 모든 책은 다 맞는 사람이 따로 있게 마련이다. 그러니 당신에게 맞는 책을 찾아 깊이 소화하라.

> 책을 읽는 것은 경주하는 것이 아니다. 좋은 책일수록 더 천천히 읽어서 완전히 소화해라.

당신은 어떤지 모르지만 나는 집중력이 매우 떨어지는 사람이다. 나는 대충 훑어보기도 하고, 빨리 읽거나 건너뛰고 읽기도 한다. 나는 책을 다 읽고 나서도 특정 구절이나 인용문을 기억하지 못한다. 하지만 깊은 차원에서 책을 완전히 소화해 내야만 그 책의 내용이 당신의 살이 되고 피가 될 수 있다.

당신도 책을 집어 들고 읽기 시작하면서 이런 느낌이 든 적이 있을 것이다. "이 책 아주 흥미로운데. 아주 좋아." 마치 어디선가 본 것 같은 느낌이 들기도 한다. 그러고는 책을 반쯤 읽은 다음 비로소 그것이 전에 읽은 책임을 깨닫는다. "맞아, 이거 내가 예전에 읽은 책이었군." 그래도 괜찮다. 당신이 그 책을 다시 읽을 준비가 되었다는 뜻이니까 말이다.[4]

> 나는 실제로 책을 많이 읽는 편은 아니다. 많은 책을 집어 들지만 그 중 내 지식의 기초를 형성해 주는 몇 권의 책만 끝까지 다 읽는다.

사람들은 생각하는 것보다 실제로 책을 많이 읽지 않는다. 내 경우, 아마도 하루에 1~2시간은 책을 읽었는데 그 정도만 해도 상위 0.00001%에 속한다. 내 인생에서 이 정도의 물질적 성공을 거두고 이 정도의 지능을 갖춘 것도 다 그 덕분이라고 생각한다. 실제로 사람들이 책 읽는 시간은 하루에 1시간도 되지 않는다. 어쩌면 1분도 되지 않을지 모른다. 그러므로 독서를 실생활의 습관으로 만드는 것이 매우 중요하다고 할 수 있다.

무슨 책을 읽을 것인가는 크게 중요하지 않다. 관심 가는 책을 읽다 보면 결과적으로 충분히 많은 책을 읽게 될 테니까 말이다. 그렇게만 해도 당신의 삶은 극적으로 향상될 것이다. 매일 조금씩 재미있게 운동하는 것이 당신에게 최고의 운동이 되는 것과 같은 이치다. 그러니까 책뿐만 아니라 블로그, 트위터 등 아이디어와 정보와 배울 게 있는 것이라면 무엇이든 읽어라. 가장 좋은 방법은 당신이 좋아하는 분야를 찾아 늘 읽는 것이다.[4]

나발 라비칸트의 부와 행복의 원칙

> "내 손에 책이 있는 한, 시간을 낭비한다는 생각이 든 적은 없다."
> — 찰리 멍거

사람들의 뇌는 사람마다 각기 다르게 작동한다. 어떤 사람들은 메모하는 것을 좋아한다. 사실 나는 트위터를 메모로 사용한다. 나는 계속 반복해서 읽는 편이다. 내가 '아하'라는 말이 나올 정도의 기본적인 통찰력이나 개념이 나오면 트위터는 그 내용을 몇 글자로 요약하라고 알려 준다. 그러면 나는 그것을 요약해 격언처럼 만들려고 애쓴다. 그렇게 해서 트위터에 글을 올려놓으면 손톱만큼의 예외도 그냥 넘어가지 않고 나를 찍소리 못하게 만드는 트위터 사용자들의 공격이 들어온다. 그런 공격을 받으면 이런 생각이 든다. "내가 왜 또 이런 글을 올렸을까?"[4]

> 사람들이 트위터에서 당신의 명백한 예외를 지적한다면, 그들 아니면 당신 둘 중 하나는 똑똑하지 않다는 증거다.

처음 책을 집어 들면 흥미 있는 부분만 훑어보나요? 어떤 방법으로 책을 읽나요? 그냥 아무 페이지나 열고 읽기 시작하나요? 어떤 순서로 책을 읽나요?

처음부터 읽기 시작하지만 진도가 빨리 나가는 편이다. 특히 첫 장에서 의미 있고 긍정적인 방식으로 내 관심을 끌지 못하는 책들은 몇 장을 건너뛰거나 읽기를 그만둔다.

나는 시중에 읽을 책이 많이 나와 있다고 해서 만족이 지연될 수 있다(delayed gratification, 일종의 보상 유예로 나중에 읽으면 만족감이 더 커진다는 의미)고 생각하지 않는다. 지금 당장 읽어야 할 좋은 책은 정말 많기 때문이다.

> 읽은 책이 많다고 자랑하는 것은 허수에 불과하다. 당신이 더 많은 것을 알수록 읽지 못한 책이 더 많다는 것을 알게 될 것이다. 그러니 예측력을 기르고 새로운 개념에 집중하라.

일반적으로 나는 책을 훑어보는 편이다. 그래야 진도가 빠르기 때문이다. 나는 관심을 끄는 부분을 찾아서 읽는다. 책들 대부분은 꼭 읽어야 할 부분이 있다(물론 소설이 아니라 비소설에 대해 말하는 것이다). 그런 책들에는 한 가지 요점이 있는데, 그 요점을 강조하기 위해 계속 예시를 들어가며 그 예시를 적용해 세상의 모든 것을 설명하려고 한다. 일단 요점을 파악하면 나는 편한 마음으로 그 책을 내려놓는다. 이런 책들이 매우 많은데 나는 그런 책들을 비과학적 베스트셀러라고 부른다. 사람들이 "아, 이 책 읽어 보았나요?"라고 물으면 늘 그렇다고 말하지만 실제로는 아마도 두 장(章) 정도 읽었을 것이다. 그러나 요점은 파악했으니 읽은 거나 다름없다고 생각한다.

> 그들이 돈을 벌려고 쓴 상업 목적의 책은 읽지 마라.

책을 읽고 나서 그 내용을 자기 것으로 만들어 체계화시키기 위해 어떤 훈련을 하나요?

당신이 배운 것을 다른 사람에게 설명해 보라. 가르쳐 보면 학습력도 강해진다.

> 많이 배웠느냐 아니냐가 중요한 것이 아니다. 책 읽기를 좋아하느냐 그렇지 않으냐가 더 중요하다.

앞으로 60일 이내에 더 명료하고 독립적인 생각을 하는 사람이 되려면 어떻게 해야 하나요?

수학, 과학 및 철학 분야의 좋은 책을 읽어라. 시사나 뉴스 같은 것은 무시하라. 당신이 어느 나라 사람인지는 중요하지 않다. 그런 사회적 합의보다 진실이 우선이다.[11]

> 논리와 수학을 공부하라. 논리와 수학을 마스터하면 어떤 책도 두렵지 않을 것이다.

도서관의 어떤 책도 두려워할 필요 없다. 어느 분야의 책이든 선반에서 꺼내 읽을 수 있어야 한다. 물론 그중 많은 책이 당신에게 너무 어려울지 모른다. 괜찮다. 일단 읽어 보라. 그런 다음 처음으로 다시 돌아가서 읽고 또 읽어라.

책을 읽으면서 이해가 되지 않는 것은 체육관에서 운동할 때 느끼는 고통과 비슷한 것이다. 당신은 지금 신체의 근육 대신 정신의 근육을 키우는 것이다. 그러니 배우는 법을 배우기 위해서라도 책을 읽어라.

'그냥 아무 책이나 읽어라'라고 말하는 것에는 문제가 있다. 세상에는 쓰레기 같은 책이 너무나 많기 때문이다. 세상에 수많은 사람이 있는 것처럼 책을 쓰는 사람도 각양각색이다.

내 주변에는 책을 잘 읽으면서도 그다지 똑똑하지 않은 사람들이 더러 있다. 그런 사람들은 책을 잘 읽지만 나쁜 책을 잘못된 순서로 읽었기 때문이다. 그들은 거짓이거나 진실성이 취약한 책을 읽었기 때문에 잘못된 세계관이 그들의 마음에 자리를 잡았다. 그래서 새로운 생각이 들어와도 이미 자리를 잡은 잘못된 기초를 바탕으로 새로운 생각을 판단한다. 그러므로 무엇이 당신의 기초에 자리를 잡느냐가 매우 중요하다.

> 사람들 대부분은 수학에 겁을 먹고 독립적으로 비판하지 못하기 때문에 수학/비과학에 근거한 의견을 과대평가하는 경향이 있다.

독서에 관한 한, 당신의 기초가 올바른 지식으로 채워져 있는지 확인하라.

올바른 기초를 확립하는 가장 좋은 방법은(어쩌면 당신이 이 답변을 좋아하지 않을 수도 있지만), 과학과 기본 지식을 확고하게 준수하는 것이다. 과학과 기본 지식에 관한 한 당신이 읽은 것 중 사람들이 동의하지 않는 것은 거의 없을 것이다. 2+2=4라는 것에 동의하지 않는 사람이 누가 있겠는가? 그것이 진실한 지식이기 때문이다. 그러므로 수학은 탄탄한 기초가 된다. 마찬가지로 어려운 과학과 미시경제학도 탄탄한 기초가 된다.

그러나 고급 수학에 깊이 들어가기보다는 산술과 기하학에 능숙해지는 것이 낫다. 나는 하루종일 『미시경제학(Microeconomics 101)』을 읽곤 했다.

독서하는 또 다른 방법은 원본이나 고전을 읽는 것이다. 예를 들어 당신이 진화에 관심이 있다면 찰스 다윈Charles Darwin부터 읽어라. 리처드 도킨스Richard Dawkins(인간의 사회적 행동은 유전자에 의해 좌우된다는 유전자 결정론을 펼친 진화생물학자)부터 시작하지 마라. 물론 그도 훌륭한 학자지만 다윈이 먼저다. 도킨스의 책은 나중에 읽어도 좋다.

거시경제학을 배우고 싶다면 먼저 애덤 스미스Adam Smith를 읽거나 폰 미제스Von Mises를 읽거나 하이에크Hayek를 읽어라. 경제의 원조 철학자부터 시작하라는 얘기다. 공산주의자나 사회주의자의 생각에 관심이 있다면(나 개인적으로는 그렇지 않음), 카를 마르크스Karl Marx부터 읽어라. 그의 사상을 해석한 현대 책을 먼저 읽지 마라. 원본의 생각을 재해석한 현대 책은 상황이 어떻게 진행됐는지를 두고 누군가가 당신을 길들이는 것과 같다.

원본을 기초로 삼고 읽기 시작하면 어떤 책도 두려워하지 않을 만큼 충분한 세계관과 이해력을 갖게 된다.

책을 읽으면 사회에서 어떤 일이 일어나고 있는지, 그 가치가 무엇인지, 그 수요가 어디에 있는지 늘 확인할 수 있을 뿐 아니라 최신 정보도 얻을 수 있다.[74]

> 명료하게 생각하려면 기초 지식을 이해하라. 필요에 따라 고급 개념을 다시 소환할 수 있는 능력도 없이 그저 암기만 하고 있다면 당신은 길을 잘못 든 것이다.

우리는 오늘날 트위터와 페이스북의 시대에 살고 있다. 볼 수도 없을 만큼 작은 1비트 공간에 함축된 정보가 저장되어 있다. 이런 환경에 익숙해진 현대인들은 책 읽기를 어려워한다. 오늘날 우리

는 두 가지 모순된 훈련을 받고 있다:

하나는 넘치는 정보의 홍수 속에서 우리가 집중하는 시간이 짧아졌다는 것이다. 우리는 가능한 한 건너뛰고 요약하고 바로 본론으로 들어가고 싶어 한다.

> 트위터는 나를 더 나쁜 독자로 만들었지만 동시에 더 나은 작가로 만들어 주었다.

또 다른 한편으로는 우리는 어린 나이 때부터 책을 끝까지 읽어야 한다고 배웠다. 학교에서 책을 읽으라는 숙제를 받으면 끝까지 읽어야 했다. 하지만 시간이 지나면서 우리는 책 읽는 방법을 잊어버렸다. 내가 아는 모든 사람은 책에 빠져 있다.

어쩌면 당신도 지금 어떤 책에 빠져 있을지 모른다. 두꺼운 책. 더 이상 진도가 나가지 않지만 당신은 그 책을 끝까지 읽어야 한다고 생각한다. 그래서 그 책을 다 읽으면 뭐가 어떻게 된다는 말인가? 결국 당신은 한동안 책 읽기를 포기하고 만다.

내게 독서를 포기하는 것은 비극이었다. 나는 책을 읽으며 자랐다. 나중에 블로그, 트위터, 페이스북으로 전환했지만, 그 후 실제로 아무것도 배우지 못했다는 것을 깨달았다. 책을 읽지 않으면서 나는 도파민 간식만 먹고 있었다. 그저 140자짜리 도파민 덩어리만 먹고 있었던 셈이다.

트위터에 글을 올린 다음 누가 내 트윗을 리트윗했는지 보는 데만 관심이 팔렸다. 물론 재미있고 멋진 일이긴 하지만 그건 그냥 게임에 불과했다.

나는 책 읽기로 돌아가야 한다는 것을 깨달았다.[6] 하지만 내 뇌가 페이스북, 트위터 등 컴퓨터 공간이 주는 정보에서 시간을 보내도록 훈련을 받으면서 책을 다시 읽기는 꽤 어려운 문제였다.

그러다가 책을 블로그나 트위터에 올리는 게시물로 취급하면 어떨까 하는 생각이 떠올랐다. 나는 어떤 책도 끝까지 읽어야 할 의무는 없다고 생각했다. 요즘엔 누가 내게 어떤 책에 관해 이야기하면 일단 그 책을 바로 산다. 그리고 다른 10권 내지 20권의 책들에 끼워 넣고 시간이 날 때마다 읽는다. 여러 권의 책들을 이 책 저 책 번갈아 가며 훑어보는 것이다.

조금 지루해지면 앞으로 건너뛴다. 어떤 단락이 내 눈을 사로잡으면 중간부터 그 책을 읽기 시작할 때도 있다. 거기서부터 읽으면서 끝까지 읽어야 한다고 생각하지 않는다. 그러다 보니 갑자기 책들이 내 서재로 돌아오기 시작했다. 다행이다. 그 책들에는 고대의 지혜가 들어 있기 때문이다.[6]

문제를 해결할 때: 오래된 문제일수록 해결책도 오래된 것이다.

자동차를 운전하거나 비행기를 타는 방법을 배우려 한다면 당신은 현대에 쓰인 책을 읽어야 할 것이다. 자동차나 비행기가 현대에 만들어졌고 당연히 그 방법도 현대에 쓰인 것이어야 할 테니까 말이다.

어떻게 하면 몸을 건강하게 유지할 수 있는지, 어떻게 하면 침착하고 평화롭게 지낼 수 있는지, 어떤 가치 체계가 좋은지, 가족을 어떻게 키우는지 등과 같이 오래된 문제를 말하는 것이라면 아마도 오래된 해결책이 더 나을지도 모르겠다.

2000년 동안 살아남은 책도 많은 사람을 통해 걸러졌다. 일반적인 원칙일수록 옳을 가능성이 더 높다. 나는 요즘 이런 종류의 책을 다시 읽고 싶어졌다.[6]

> 누구에게나 머릿속에서 떠나지 않는 노래가 있을 것이다. 생각도 마찬가지다. 그러니 당신이 읽은 것에 집중하라.

> 차분한 마음, 건강한 몸, 사랑이 넘치는 집.
> 이런 것들은 돈으로 살 수 없다.
> 당신이 직접 얻어내야 한다.

2부
행복에 대하여

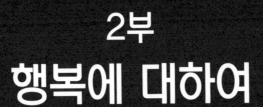

인생에서 가장 중요한 세 가지는
부, 건강, 행복이다.
우리는 이 순서대로 추구하지만
사실 추구해야 할 순서는 그 반대다.

행복 제대로 알기

> 자신을 심각한 존재로 생각하지 마라.
> 당신은 단지 계획을 가지고 있는 원숭이일 뿐이다.

행복은 배우는 것이다

10년 전만 해도, 내가 얼마나 행복했는지라는 질문을 받는다면 나는 그 질문을 일축했을 것이다. 그에 대해 이야기하고 싶지 않았기 때문이다.

행복의 정도를 1에서 10까지의 척도로 말하자면 2나 3 정도, 기껏해야 4 정도라고 말했을 것이다. 당시만 해도 나는 행복을 그다지 소중히 여기지 않았다. 하지만 지금은 9 정도 되지 않을까 생각한다. 사실 돈이 있다는 것이 행복에 도움이 되겠지만 실제로 돈이 행복에 미치는 영향은 매우 적다. 지난 수년 동안 대부분의 행복은 나 자신의 행복이 나에게 가장 중요하다는 사실을 깨달은 것에서 나왔다. 지금은 여러 가지 기술을 사용해 행복을 키우고 있다.[10]

어쩌면 행복은 당신이 상속받거나 선택하는 것이 아니라, 운동이나 영양 섭취같이 배울 수 있는 고도의 개인적인 기술인지도 모른다.

모든 위대한 질문과 마찬가지로 행복도 진화한다고 생각한다. 우리는 어렸을 때 엄마에게 가서 묻곤 했다. 우리가 죽으면 어떻게 되나요? 산타클로스가 진짜 있나요? 하나님이 정말 계시나요? 나는 행복해질 수 있을까요? 커서 누구와 결혼해야 하나요? 등등. 모든 사람에게 적용될 수 있는 정답은 없다. 이러한 종류의 질문에는 결국 개인적인 답변만이 있을 수 있을 뿐이다.

내게 맞는 답이 당신에게는 난센스가 될 수도 있고 그 반대도 마찬가지일 것이다. 내게 행복이 무엇을 의미하든 당신과는 다를 것이다. 이처럼 행복에 대한 다양한 정의가 무엇인지 탐구하는 것이 매우 중요하다고 생각한다.

어떤 사람들에게는 행복은 몰입감이다. 또 어떤 사람들에게는 행복은 만족감이 될 수 있고, 또 어떤 사람들에게는 행복은 자존감이 될 수도 있다. 행복에 대한 내 정의는 계속 진화하고 있다. 1년 전에 내가 한 대답은 지금 당신에게 말하는 것과는 다를 것이다.

현재 나는 행복이란 실제로 기본 상태(Default state)라고 생각한다. 인생에서 무언가 부족하다는 느낌을 빼면 거기에 행복이 있을 것이다. 우리는 판단력이 매우 뛰어난 생존 및 복제 기계다. 우리는 욕망의 그물에 갇힌 채로 '이게 필요해, 저게 필요해'라고 생각하며 끊임없이 돌아다닌다. 행복은 어떤 것도 부족하지 않을 때의 상태다. 어떤 것도 부족하지 않을 때 비로소 우리의 마음은 과거나 미래로 달려가 무엇인가를 후회하거나 무엇인가를 계획하는 일을 멈추고 조용해진다.

부족한 것이 없는 그 순간 동안 우리 내면은 침묵한다. 우리 내면이 침묵할 때 우리는 만족과 행복을 느낀다. 동의하지 않아도 좋다. 다시 말하지만 사람마다 행복은 다를 수 있다.

사람들은 행복이 긍정적인 생각과 긍정적인 행동에 관한 것이라고 잘못 생각한다. 하지만 더 많이 읽을수록, 더 많이 배우고 더 많이 경험할수록 모든 긍정적인 생각에는 본질적으로 부정적인 생각이 자리 잡고 있다(우리는 스스로 그것을 확인하고 싶어 한다). 물론 행복이 부정적이라는 의미는 아니다.

『도덕경』이 나보다 확실하게 말해 주지만, 행복은 이원성과 양극성을 가지고 있다. 내가 행복하다고 말한다면 그것은 어느 시점에서는 슬퍼했다는 것을 의미한다. 내가 매력적이라고 말한다면 다른 누군가는 매력적이지 않다는 것을 의미한다. 모든 긍정적인 생각도 그 안에 부정적인 생각의 씨앗을 가지고 있으며 그 반대도 마찬가지다. 그래서 인생의 많은 위대함이 고통에서 나오는 것 아니겠는가. 당신은 긍정적인 것을 열망하고 감사하기에 앞서 부정적인 것을 보아야 한다.

나에게 행복은 긍정적인 생각에 관한 것이 아니다. 물론 부정적인 생각에 관한 것도 아니다. 행복은 욕망이 없는 것, 특히 외부 사물에 대한 욕심이 없다는 의미다. 내가 욕망을 적게 가질수록, 그리고 현재 상태를 더 많이 받아들일수록, 내 마음은 더 적게 흔들린다. 내 마음이 늘 미래나 과거를 향해 움직이려 하기 때문이다.

내가 현재 상태에 있을수록 나는 더 행복하고 더 큰 만족감을 느낄 수 있다. 내가 어떤 감정에 매달려서 "아, 나 지금 행복해. 나는 행복하게 지내고 싶어."라고 말한다면, 그 순간 행복에서 멀어질 것이다. 그리고 갑자기 마음이 움직여서 다른 어떤 것에 붙으려 할 것이다. 우리 마음은 일시적인 상황에서 영구적인 상황을 만들려고 하기 때문이다.

나에게 있어 행복은 고통을 겪지 않고, 욕심 내지 않고, 미래나 과거에 대해 너무 많이 생각하지 않고, 현재의 순간을 포용하고 현실을 있는 그대로 받아들이는 것이다.[4]

> **당신의 삶에서 평화를 얻고 싶다면 선과 악을 초월해야 한다.**

자연에는 행복이나 불행의 개념이 없다. 자연은 빅뱅 이후 지금까지 단 한 번도 틀린 적이 없는 수학의 법칙과 인과의 법칙을 따르고 있다. 자연의 모든 것은 있는 그대로 정확히 완벽하다. 우리가 불행하다느니 행복하다느니 하는 것은 우리의 특별한 마음 상태일 뿐이며, 상황이 완벽하다느니 불완전하다느니 하는 것 또한 우리의 욕심 때문이다.[4]

현실은 중립적이다. 현실은 어떠한 판단도 하지 않는다. 나무에는 옳고 그름, 좋고 나쁨의 개념이 없다. 당신은 태어나서 온갖 감각적 경험과 자극(빛, 색상, 소리)을 겪다가 때가 되면 죽는다. 당신이 그런 경험과 자극들을 어떻게 해석하기로 할 것인지는 전적으로 당신에게 달렸다. 선택은 당신의 몫이다.

내가 행복이 선택이라고 말할 때 의미하는 바는 바로 이것이다. 행복이 선택이라고 믿는다면 당신은 행복을 얻기 위해 노력할 수 있다.[77]

> 당신의 감정에 영향을 미치는 외부의 힘은 없다. 당신이 그렇게 생각할 뿐이다.

나는 또한 자아는 전혀 무의미하다는 것을 믿게 되었고, 그것이 많은 도움이 된다고 생각한다. 예를 들어 당신 자신이 우주에서 가장 중요한 존재라고 생각한다면, 당신은 전 우주가 당신의 뜻 앞에 허리를 굽히게 만들어야 한다. 당신이 우주에서 가장 중요한 존재라면 우주가 어떻게 당신의 욕망을 거스를 수 있단 말인가. 우주가 당신의 욕망을 따르지 않는다면 뭔가 잘못된 것 아닌가.

그러나 자신을 박테리아나 아메바 같은 미물로 본다면, 당신이 하는 일을 물 위에 글을 쓰거나 모래에 성을 짓는 것같이 허무한 것으로 본다면, 우리 인생이 '실제로' 어떻게 되어야 한다는 기대는 하지 않을 것이다. 현재 있는 그대로가 바로 당신의 인생이다. 당신이 그것을 받아들이면 당신은 행복하거나 불행할 이유가 없다. 그런 것들이 끼어들 여지가 없기 때문이다.

> 인생에서 무언가 부족하다는 느낌을 빼면 행복할 것이다.

사람들은 중립이 무미건조한 생활일 것으로 생각하는데 그렇지 않다. 중립은 어린아이들이 사는 생활이다. 균형 잡힌 어린아이들을 보면, 그들은 개인의 취향과 욕구에 따라 행복이 어떠해야 하는지에 대한 생각을 하지 않고 오로지 환경과 순간에 온전히 몰입하므로 어떤 상황에서도 매우 행복해한다. 나는 중립 상태야말로 실제로 완벽한 상태라고 생각한다. 우리는 자신의 생각에 지나치게 사로잡히지 않아야만 비로소 행복해질 수 있다.[4]

우리의 삶은 밤에 잠시 깜박이는 반딧불과 같이 미미한 것이다. 당신도 예외가 아니다. 그러므로 당신은 매 순간을 최대한 활용해야 한다. 그렇다고 해서 평생 어리석은 욕망을 좇으라는 말이 아니다. 지구라는 행성에 있는 매 순간이 아주 소중하다는 말이다. 당신 자신을 행복하게 만들고 매사를 가능한 최선의 방법으로 해석하는 것은 전적으로 당신의 책임이다.[9]

> 우리는 자신은 변하지 않는데 세상이 변한다고 생각하지만, 실제로 진짜 잘 변하는 것은 우리 자신이며 세상은 대체로 변하지 않는다.

명상 훈련을 하면 현실을 받아들이는 데 도움이 되나요?

그렇다. 하지만 그 도움이 그다지 크지 않다는 것을 알면 놀랄 것이다.[웃음] 당신이 오랫동안 명상을 한다 해도 누군가가 잘못된 것을 잘못된 방식으로 말하면 당신은 금방 이기적인 자아로 돌아가고 만다. 그것은 마치 당신이 1파운드의 역기를 겨우 들어 올리고 있는데 누군가가 당신 머리 위에 거대한 바벨을 떨어뜨리는 것과 같다.

물론 아무것도 하지 않는 것보다는 명상을 하는 것이 절대적으로 낫다. 그러나 정신적 또는 정서적 고통이 실제로 나타나면 여전히 쉽지 않다.[8] 진정한 행복은 당신의 마음이 평화를 얻을 때 나타나는 부산물이다. 행복의 대부분은 외부 환경을 바꾸는 것이 아니라 그대로 수용할 때 온다.[8]

> 합리적인 사람은 자신이 통제할 수 없는 것에 대해서는 철저하게 관심을 두지 않음으로써 평화를 찾는다.

나는 내 정체성을 내세우지 않았다.
나는 내 마음의 수다를 누그러뜨렸다.
나는 정말로 중요하지 않은 것들에는 관심을 두지 않는다.
나는 정치에 관여하지 않는다.
나는 불행한 사람들과 자주 어울리지 않는다.
나는 이 땅에 사는 동안의 시간을 정말로 중요하게 생각한다.
나는 철학책을 읽는다.
나는 명상한다.
나는 행복한 사람들과 자주 어울린다.

이 모든 것이 효과가 있다.
체력을 향상하는 데 시간이 걸리는 것처럼, 행복의 기반도 느리지만 꾸준하고 체계적으로 향상할 수 있다.[10]

행복은 선택하는 것이다

> 행복, 사랑, 열정…… 이런 것들은 당신이 발견하는 것이 아니라 선택하는 것이다.

행복은 당신이 내리는 선택이자 발전시킬 수 있는 기술이다.

마음도 육체처럼 단련시킬 수 있다. 우리는 젊었을 때 프로그램된 방식으로 자신을 받아들이면서 외부 세계, 다른 사람, 우리의 몸을 바꾸려고 많은 시간과 노력을 쏟는다.

우리는 머리가 하는 말을 모든 진실의 원천으로 받아들인다. 하지만 그 모든 것은 변하고 우리는 매일 새로운 날을 맞는다. 기억과 정체성은 우리가 현재를 자유롭게 살아가지 못하도록 방해하는 과거의 짐일 뿐이다.[3]

행복의 제1 필요조건, 현재를 사는 것

길을 걷다가 불현듯 두뇌의 아주 작은 부분이 현재에 집중할 때가 있다. 그러나 뇌의 나머지 부분은 여전히 미래를 계획하거나 과거를 후회하는 데 여념이 없다. 이 때문에 우리는 놀라운 경험을 하지 못할 뿐 아니라 만물의 아름다움을 보지 못하며 지금 당신이 있는 곳에 대한 감사도 하지 못한다. 미래에 대한 망상 속에 살면서 시간을 다 보내 버리면 문자 그대로 행복을 파괴할 뿐이다.[4]

> 우리는 우리를 현재에 있게 해 줄 경험을 갈망하지만, 그 갈망 자체

> 가 우리를 현재의 순간에서 벗어나게 만든다.

나는 과거의 어떤 것도 믿지 않는다. 과거의 기억이나 사람도 믿지 않으며 과거로의 여행은 물론 후회하지도 않는다. 과거의 어떤 것에도 미련을 갖지 않는다. 우리가 겪는 많은 불행은 과거와 현재를 비교하는 데서 비롯되기 때문이다.[4]

> 악한 행위에 대한 기대가 우리를 미래로 끌어당긴다. 이런 악행을 제거하면 현재에 머물기가 더 쉬워진다.

책을 읽다가 좋은 정의를 발견했다. '깨달음은 생각 사이의 공간이다'(작가이자 이 시대의 영적 스승으로 불리는 에크하르트 톨레Eckhart Tolle가 한 말). 깨달음은 30년 동안 산꼭대기에 앉아서 얻는 것이 아니라 순간순간 성취할 수 있는 것이며, 우리는 매일 매일 조금씩 깨달아가고 있다는 의미다.[5]

> 지금 살고 있는 세상이 우리에게 약속된 낙원인데 우리가 그것을 낭비하고 있다면?

행복의 제2 필요조건, 평화

행복과 목적은 서로 연결되어 있는 것인가요?

행복은 우리가 너무 많이 쓰는 단어지만 솔직히 나는 그 말이 무슨 뜻인지 잘 모르겠다. 요즘 나에게 행복은 기쁨보다는 평화에 가깝다. 나는 평화와 목적이 늘 조화를 이루는 것은 아니라고 생각한다.

어떤 일이 당신의 내면에서 우러난 목적이고 당신이 정말로 하고 싶은 일이라면, 물론 당신은 그 일을 하는 것이 행복할 것이다. 그러나 '사회가 나에게 X라는 일을 하길 원한다'라거나 '나는 대를 이은 장남이므로 Y라는 일을 해야 한다'라거나 '이 일은 내가 떠맡아야 할 부채나 짐이다.' 같이 외부적인 힘에 의해 가해진 목적이 당신을 행복하게 할 것이라고 생각하지는 않는다.

이처럼 많은 사람들이 어느 정도는 만성적 불안감을 가지고 있는 것 같다. 우리 마음에 주의를 기울여 보면, 때로는 바쁘게 일을 하느라 이리저리 뛰어다니면서도 기분은 나아지지 않고 마음이 무언가에 대해 계속 뭐라고 말하는 것처럼 느껴질 때가 있다. 그러면 당신은 불안해서 가만히 앉아있을 수 없다. 한 자리에 앉아 있으면서 다음에는 어디에 있어야 할지 생각한다. 당신 마음은 늘 '다음 일'에 가 있다. 다음 일, 그 다음 일, 또 그 다음 일이 그런 만성적 불안감을 만들어 내는 것이다.

그냥 앉아서 아무것도 하지 않으려고 해 보라. 그러면 모든 것이 분명해진다. 책도 읽지 말고 음악도 듣지 말라. 말 그대로 그냥 앉아서 아무것도 하지 말라. 하지만 그렇게 할 수 없을 것이다. 당신 마음속에는 얼른 일어나서 어디론가 가려고 하는 불안감이 자리 잡고 있기 때문이다. 바로 그 불안감이 당신을 불행하게 만든다는 사실을 인식하는 것이 중요하다. 불안감은 그저 흘러가는 생각의 연속일 뿐이다.

내가 불안에 맞서 싸우는 방법: 나는 불안과 싸우려고 굳이 노력하지 않는다. 단지 이 모든 생각 때문에 내가 불안하다는 것을 알아차린다. "지금 내가 이런 생각을 하고 싶은가, 아니면 평화를 누리고 싶은가?" 우리 마음속에 여러 가지 많은 생각이 있는 한 평화를 누릴 수 없기 때문이다.

이제 내가 행복이라고 말할 때 그것이 평화를 의미한다는 것을 알았을 것이다. 많은 사람들이 행복이라고 말하면 기쁨이나 환희 같은 것을 생각하지만 나는 평화를 생각한다.[2]

> 행복한 사람이라고 해서 늘 행복한 것은 아니다.
> 행복한 사람은 타고난 평화를 잃어버리는 일이 없도록 삶의 사건을 쉽게 해석하는 사람이다.

욕망이란 당신이 자신과 맺는 계약이다.	☐ 당신이 ☐ 원하는 ☐ 것을 얻을 때까지 불행해지기로.

모든 욕망은 당신이 선택한 불행이다

인류가 가장 많이 저지르는 실수는 외부 상황 때문에 행복해질 것이라고 믿는 것이다. 나는 외부 상황이 행복의 근본 원인이 아니라는 것을 알고 있다. 이는 새로운 것이 아니다. 불교의 아주 기본적인 지혜다.

예를 들어 우리가 새 자동차를 샀다고 하자. 지금 주문한 새 차가 오기를 기다리고 있다. 나는 지난 며칠 동안 매일 밤 잡지에서 자동차에 대한 글을 읽었다. 왜 그랬을까? 그건 그냥 물건일 뿐인데. 차에 불과한데 말이다. 그것이 어떻게 내 인생을 크게 바꾼단 말인가?

나는 차가 우리 집에 도착하는 순간부터 더 이상 차 자체에 대해서는 신경 쓰지 않을 것이라는 사실을 잘 안다. 문제는 내가 욕망에 중독되어 있다는 것이다. 나는 이런 외부적인 것이 내게 일종의 행복과 기쁨을 가져다준다는 생각에 중독되어 있다. 이건 완전히 착각이다.

무엇이든 당신 외부에서 찾을 수 있다고 생각하는 것은 근본적인 착각이다. 외부 일에 신경을 쓰지 말라는 얘기가 아니다. 필요할 땐 꼭 신경 써야 한다. 당신은 살아있는 생물이므로 당신이 해야 할 일이 있다.

당신이 사는 이유는 뭔가를 행하기 위해서다. 당신은 단지 모래 위에 누워 하루종일 명상하려고 사는 것이 아니다. 당신은 자기실현을 해야 한다. 당신이 하기로 되어 있는 일을 해야 한다.

그러나 외부 세계의 무언가를 바꾸면 그것이 평화, 영원한 기쁨,

행복을 가져다줄 것이라는 생각은 우리가 모두 겪고 있는 근본적인 착각이다. 우리가 계속 반복해서 저지르는 실수는 "아, 그것만 (그것이 무엇이든) 가지면 행복할 것 같아"라고 말하는 것이다. 이것이 우리 모두가 매일, 하루종일 저지르는 근본적인 실수다.[4]

> 근본적인 착각: 나를 영원히 행복하고 만족스럽게 만들어 줄 무언가가 존재할 것이라는 생각

욕망은 원하는 것을 얻을 때까지 불행해지기로 자신과 맺는 계약이다. 우리 대부분은 욕망이 무엇인지 깨닫지 못하는 것 같다. 우리는 하루종일 뭔가를 갈망하다가 자기가 왜 불행한지 궁금해한다. 나는 내가 무엇을 갈망하는지 계속 인식하려고 노력한다. 그래야만 내 욕망을 신중하게 선택할 수 있기 때문이다. 나는 어떤 순간에도 내 삶에서 큰 욕망을 하나 이상 가지지 않으려고 노력한다. 그리고 욕망이 내 괴로움의 축이라는 사실을 인식하고 내가 불행하기로 선택한 영역이 무엇인지 깨닫는다.[5]

> 욕망은 당신이 원하는 것을 얻을 때까지 불행해지기로 자신과 맺은 계약이다.

내가 최근에 배운 것 중 하나는 100% 원하지 않는 일을 하려고 노력하는 것보다 내가 정말로 원하는 것을 완벽하게 하는 것이 훨씬 더 중요하다는 것이다.[1]

젊고 건강하면 더 많은 일을 할 수 있다. 그런데 더 많은 일을 할

수록 우리는 더 많은 욕망을 갖게 된다. 우리는 이것이 우리의 행복을 천천히 파괴하고 있다는 사실을 깨닫지 못한다. 그래서 젊은 사람들은 더 건강하지만 덜 행복하고, 노인들은 덜 건강하지만 더 행복을 느낀다.

젊을 때는 시간도 많고 건강하나 돈이 없다. 중년이 되면 돈도 어느 정도 벌고 여전히 건강하나 시간이 없다. 늙으면 돈도 있고 시간도 있지만 건강이 없다. 이 세 가지를 동시에 얻으려고 노력하는 사람이 삼박자를 다 갖춘 사람이다.

사람들이 충분한 돈이 있다는 것을 깨달을 때쯤이면 이미 시간과 건강을 잃고 난 뒤다.[8]

성공했다고 해서 행복한 것은 아니다

> 행복은 자신이 가지고 있는 것에 만족하는 것이다.
> 성공은 불만족에서 비롯된다. 무엇을 선택할 것인가.

공자는 두 개의 삶이 있는데, 두 번째 삶은 남은 삶이 하나뿐이라는 사실을 깨달을 때 비로소 시작된다고 말했습니다. 당신의 두 번째 삶은 언제, 어떻게 시작됐나요?

이는 매우 깊은 질문이다. 사람들은 대부분 특정 연령을 지나면서 이런 느낌이나 현상을 경험해 본 적이 있을 것이다. 그러니까 특정한 방식으로 삶을 살다가 어느 특정 단계에 이르러 큰 변화를 겪는 것이다. 나도 분명 그랬다.

나도 물질적으로나 사회적으로 성공하기 위해 내 인생의 많은 시간을 보냈다. 그러나 내가 그러한 물질적, 사회적 성공을 달성했을 때(적어도 물질이 더 이상 그다지 중요하지 않은 시기가 되었을 때), 나와 비슷한 성공을 달성하고도 여전히 더 많은 것을 달성하기 위해 노력하는 내 주변 사람들이 모두 행복해 보이지는 않는다는 것을 깨달았다. 내 경우에도 분명히 성공 후의 쾌락에 적응하는 과정이 있었지만, 나는 어떤 것이든 매우 빨리 익숙해지는 타입이다.

이 과정에서 나는, 다소 진부하게 들릴지 몰라도, 행복은 우리 내부에 있다는 결론에 이르렀다. 이후 나는 내적 자아에 더 큰 노력을 기울이는 한편, 모든 진정한 성공은 내부적이며 외부 상황과는 거의 관련이 없다는 것을 깨닫게 되었다.

어쨌든 우리는 외부적인 일을 하지 않을 수 없지만, 우리는 생물학적으로 내부적인 존재다. "내부적인 것에는 신경 쓰지 마."라고 입버릇처럼 말해도 당신 자신의 인생 경험이 당신을 내면의 길로 되돌릴 것이다.[7]

> 게임, 특히 큰 보상이 걸린 게임을 잘하는 사람의 문제는 게임을 할 나이가 지났어도 오랫동안 계속 게임을 한다는 것이다.
>
> 생존과 복제가 계속되면서 우리는 쳇바퀴 같은 삶을 살게 되었다. 쾌락에 적응하면서 우리는 계속 쾌락에 머물려고 한다. 비결은 이제 쳇바퀴에서 뛰어내려 다시 게임을 해야 할 때를 아는 것이다.

어떤 사람을 성공한 사람으로 생각하시나요?

사람들 대부분은 어떤 게임을 하든 게임에서 이기면 성공한 사람이라고 생각한다. 당신이 운동선수라면 최고의 운동선수를 성공한 사람으로 생각할 것이다. 당신이 사업을 하고 있다면 일론 머스크 Elon Musk 같은 사람을 성공한 사람이라고 생각할지 모른다.

몇 년 전이었다면 나도 성공한 사람으로 스티브 잡스 같은 사람을 들었을 것이다. 그가 모든 인류의 삶을 변화시키는 물건을 만드는 원동력을 제공했기 때문이다. 마크 안드레센 Marc Andreessen 같은 사람도 성공한 사람이라고 생각한다. 그가 최근에 벤처 투자가로 변신했기 때문이 아니라 그가 넷스케이프 Netscape 에서 이룬 놀라운 성과 때문이다.

사토시 나카모토 Satoshi Nakamoto 도 앞으로 수십 년 동안 영향을 미칠 놀라운 기술 창조물인 비트코인을 만들었다는 점에서 성공한 사람일 것이다. 물론 일론 머스크도 성공한 사람이다. 현대 기술과 기업가 정신으로 무엇을 할 수 있는지에 대한 사람들의 관점을 바꾸어 놓은 인물이기 때문이다. 나는 이들처럼 무언가를 만들어서 상업화시킨 사람들이 성공한 사람이라고 생각한다.

그러나 내가 진정한 승자라고 생각하는 사람은 게임에서 완전히 벗어나 게임을 하지도 않으면서 게임을 뛰어넘는 사람들이다. 그들은 내면적인 정신력과 자제력, 자각심을 가지고 있으며, 다른 누구로부터의 도움이 필요하지 않다. 나는 그런 인물을 몇 명 알고 있다. 먼저 세계 역도 선수권자인 예지 그레고렉 Jerzy Gregorek 이다. 그는 다른 누구에게 어떤 것도 바라지 않았다는 점에서 성공한 사람이라고 할 수 있다. 그는 평화롭고 건강하며, 다른 사람에 비해 돈을 더 많이 벌든 적게 벌든 그 사실이 자신의 정신 상태에 아무런 영향을 미치지 않는 사람이다.

전설적인 부처로 여겨지는 크리슈나무르티Krishnamurti도 게임에서 완전히 벗어났다는 점에서 성공한 사람이라고 말하고 싶다. 나는 그에 대한 자료를 즐겨 읽는데, 그에게 게임의 승패는 전혀 중요하지 않다.

수학자이자 철학자인 블레즈 파스칼Blaise Pascal의 책에 이런 구절이 있다. "사람의 모든 괴로움은 방에 혼자 조용히 앉아 있을 수 없기 때문에 발생한다." 30분 동안 조용히 앉아 있으면서 행복할 수 있다면 당신은 성공한 것이다. 그곳은 매우 강력한 곳이지만 그곳에 도달하는 사람은 거의 없다.[6]

나는 행복을 평화의 창발적 특성(Emergent property, 개별 구성 요소에서는 나타나지 않지만 전체가 모이면 새로운 특성을 나타내는 것. 예; 뇌세포 개개에서는 나타나지 않지만 세포가 전체적으로 모인 뇌는 설명할 수 없는 복잡한 기능을 한다)이라고 생각한다. 당신의 내면과 외면이 모두 평화롭다면 결국 행복해질 것이다. 그러나 평화는 얻기가 매우 어렵다. 아이러니한 점은 인류가 평화를 찾으려고 노력하는 방식이 대부분 전쟁을 통해서였다는 것이다.

사업을 시작한다는 것은 어떤 면에서는 전쟁을 치르게 되는 셈이다. 누가 설거지를 해야 하느냐는 사소한 문제를 놓고도 룸메이트와 싸우면 그 또한 전쟁을 치르는 것이다.

우리가 지금 고통을 겪는 것은 나중에 안정과 평화를 얻기 위해서라고 생각한다. 하지만 현실에서 평화는 보장되는 것이 아니다.

나발 라비칸트의 부와 행복의 원칙

계속 흐르면서 변화하기 때문이다. 우리는 삶과 함께 흐르는 평화를 받아들이는 핵심 기술을 배워야 한다.[8]

> 다른 어떤 것보다도 절실하고 유일하게 원하는 것으로 생각한다면, 인생에서 대부분을 얻을 수 있을 것이다.

내 개인적인 경험에 따르면, 내가 가장 많이 도달하는 곳은 평화롭게 지내고 싶은 곳이다.

평화는 쉼 상태에 있는 행복이고, 행복은 움직이는 상태의 평화다. 당신은 원할 때 언제든지 평화를 행복으로 바꿀 수 있다. 하지만 당신이 가장 원하는 것은 평화여야 한다. 당신이 평화로운 사람이라면 당신이 하는 모든 일은 행복한 활동이 될 것이기 때문이다.

오늘날 우리는 평화를 얻기 위해서 외부 문제를 해결해야 한다고 생각한다. 그러나 외부 문제는 끝이 없다. 따라서 내면의 평화를 얻어야 하는데, 그 유일한 방법은 문제를 해결해야 한다는 생각을 포기하는 것이다.[77]

질투심은 행복의 적이다

나는 인생이 그렇게 힘든 것만은 아니라고 생각한다. 우리가 인생을 힘들게 만들 뿐이다. 나는 '무언가를 해야 한다'(Should)는 말을 내 삶에서 없애려고 노력한다. '무언가를 해야 한다'라는 말이 마음속에 떠오를 때마다 죄책감과 더불어 나 자신이 사회적으로 프로그래밍 된다는 느낌이 든다. '해야 한다'는 의무감 때문에 어떤 일을 한다는 것은, 기본적으로 실제로는 그 일을 하고 싶지 않다는 뜻이다. 이 말은 나를 비참하게 만들 뿐이므로 내 인생에서 가급적 이 말을 쓰지 않으려고 노력한다.[1]

> 사회와 다른 사람들이 당신에게 심어준 기대가 내 마음의 평화를 방해한다.

사회생활을 하면서 우리는 "열심히 노력해서 좋은 결과를 거두게나."라는 말을 많이 듣는다. 이것은 많은 사람과 경쟁하는 게임이다. 내가 일을 잘하고 있는지 아닌지를 다른 사람들이 모두 볼 수 있다. 우리는 "돈을 많이 벌어서 큰 집을 사야지."라는 말도 많이 듣는다. 이 역시 외부의 많은 사람과 경쟁하는 게임이다.

그러나 행복해지기 위해 자신을 훈련하는 것은 전적으로 내부적인 게임이다. 외부적으로 보이는 진척도 없고 외부의 검증도 없다. 오직 당신 자신과 경쟁하고 있을 뿐이다. 이것은 당신 혼자 하는 게임이다.

우리는 벌이나 개미와 같다. 우리는 사회적 존재이며 외부적으로 프로그래밍 되어 이끌려 간다. 그렇게 살다 보니 우리는 더 이상 혼자서 게임 하는 방법을 모를뿐더러 혼자 하는 게임에서 승리하는 방법도 모른다. 우리는 오직 많은 사람과 하는 게임에서 서로 경쟁할 뿐이다.

그러나 현실은 인생이란 것이 결국은 혼자 하는 게임이라는 것이다. 당신은 홀로 태어났다. 죽을 때도 혼자 죽을 것이다. 당신에 대한 모든 해석도 당신 혼자 하는 것이다. 당신에 대한 기억도 마찬가지다. 당신이 사라져도 아무도 관심을 두지 않는다. 당신이 태어나기 전에는 아무도 당신에 대해 신경 쓰지 않았다.

> 아마도 요가와 명상을 지속하기 어려운 이유 중 하나는 그에 대한 외재적 가치(Extrinsic value)가 없기 때문일 것이다. 요가와 명상은 순전히 혼자 하는 게임이기 때문이다.

버핏은 "당신은 내적 성적표를 중시하는가, 외적 성적표를 중시하는가?"라는 질문을 쉽게 이해할 수 있는 아주 좋은 예를 제시한다. "당신은 세계 최고의 연인인데도 최악의 연인으로 알려지고 싶은가, 아니면 세계 최악의 연인인데도 최고의 연인으로 알려지고 싶은가?"

정확히 맞는 말이다. 당신에 대한 진짜 성적표는 모두 내부에 있다.

질투심은 나에게 있어서 극복하기 매우 힘든 감정이었다. 나는 어렸을 때 질투심이 많았다. 그러나 성장하면서 질투심을 점차 제거하는 법을 배웠다. 물론 아직도 질투심이 가끔 불쑥 나타난다. 질투심에 차 있으면 하루종일 기분이 좋지 않기 때문에 이는 매우 해로운 감정이다. 당신만 더 불행해질 뿐이며, 당신이 질투하는 그 사람은 여전히 성공하거나 멋지거나 변함없이 잘 나갈 것이다.

어느 날 나는 내가 질투하는 모든 사람의 삶 일부만을 보고 그들을 판단해서는 안 된다는 것을 깨달았다. 내가 그의 몸, 그녀의 돈, 그의 성격만 원하고 나머지는 원하지 않는다고 말할 수는 없다는 것이다. 즉 그 사람을 완전히 이해하려면 그 사람이 되어 보아야 한다. 하지만 당신은 정말로 그들과 똑같은 반응, 욕망, 가족, 행복 수준, 삶에 대한 전망, 자아상을 가진 사람이 되고 싶은가? 그 사람과 매일 만나 동업할 생각이 아니라면 그 사람을 질투하는 것이 아무런 의미가 없다는 사실을 깨달았다.

그 사람과 똑같이 되고 싶지 않다는 생각이 들자 질투심이 사라졌다. 나는 내가 나이기 때문에 정말 행복하다. 게다가 나는 내 통제 아래 있다. 내가 나이기 때문에 정말 행복하지만, 단지 그에 대한 사회적 보상이 없을 뿐이다.[4]

행복도 습관이 될 수 있다

지난 5년 동안 내가 발견한 가장 놀라운 사실은 평화와 행복이 배우고 익힐 수 있는 기술이라는 점이다. 그러니까 평화와 행복은 우리가 선천적으로 가지고 태어난 것이 아니라는 뜻이다. 물론 유전적 범위의 영향도 있지만 대부분은 환경에 의해 조절된다. 게다가 당신은 환경에 의해 조절되지 않고 당신 자신을 재조절할 수 있다.

시간이 지남에 따라 당신의 행복도를 높일 수도 있다. 우선 그럴 수 있다는 당신의 믿음이 필요하다. 행복은 터득할 수 있는 기술이다. 영양 섭취, 다이어트, 운동, 돈 버는 것, 멋진 여자나 남자를 만나는 것, 좋은 관계를 맺는 것, 사랑하는 것 등 모든 것이 기술이다. 이 모든 것이 배울 수 있는 기술임을 깨닫는 것이 출발점이다.

당신이 배울 의지를 갖추고 집중할 때, 세상은 더 나은 곳이 될 수 있다.

> 일할 때는 당신보다 더 성공한 사람들과 함께하라.
> 놀 때는 당신보다 더 행복한 사람들과 함께하라.

그렇다면 행복은 어떤 기술인가요?

모든 기술은 시행착오를 거쳐야 한다. 그래야 무엇이 효과가 있는지 알 수 있다. 좌선 명상을 시도해 보라. 그게 효과가 있었는가? 탄트라 명상(Tantra meditation)이었는가, 아니면 위빠사나 명상(Vipassana meditation)이었는가? 열흘간의 수행이었는가, 아니면 20분이면 충분했는가?

좋다. 어떤 명상도 효과가 없었다면 요가는 어떨까? 카이트 서핑, 자동차 경주, 요리, 참선은? 자신에게 맞는 것을 찾을 때까지 이 모든 것을 시도해 보라.

정신을 위한 약에 관한 한 플라시보 효과(생리학적 영향이 없는 가짜 약을 먹었는데도 심리작용으로 환자가 실제로 호전되는 현상)가 100% 유효하다. 당신의 마음은 늘 긍정적인 경향을 갖고 싶어 한다. 내부적으로라도 긍정적인 사고방식을 갖는 것이 중요하다.

예를 들어, 나는 에크하르트 톨레의 『지금 이 순간을 살아라』(The Power of Now, 양문, 2008)를 읽고 있는데, 이 책은 종교가 없는 사람들에게 현재의 중요성을 설명해 주는 환상적인 소개서다. 현재를 사는 것이 가장 중요하다는 것을 보여주면서 그것을 이해할 때까지 계속 강조한다.

톨레는 이 책에서 몸의 에너지에 대해 언급한다. 누워서도 에너지가 몸 주위를 움직이는 것을 느낀다는 것이다. 예전의 나 같으면 "무슨 헛소리야."라고 투덜거리며 책을 당장 내려놓았을 것이다. 하지만 지금의 나는 "내가 이 말을 믿으면 효과가 있을 거 같아."라고 말한다. 그만큼 긍정적인 사고방식으로 변한 것이다. 나는 누워서 명상도 해 보았다. 정말 끝내주는 기분이었다.

어떻게 하면 행복의 기술을 배울 수 있나요?

우리는 좋은 습관을 기를 수 있다. 예를 들어, 술을 마시지 않으면 기분이 더 안정된다. 설탕을 먹지 않는 것도 기분 안정에 좋다. 페이스북, 스냅챗, 트위터를 하지 않으면 기분이 더 안정된다. 비디오 게임을 하면 단기적으로는 더 행복해질지 모르지만(한때 나 역시 게임광이었다), 장기적으로는 당신의 행복을 망칠 수 있다. 이처럼 통제할 수 없는 사소한 방식으로 우리는 도파민을 공급받기도 하고 도파민이 우리 몸에서 빠져나가기도 한다. 카페인도 단기적으로는 행복을 느끼게 하지만 장기적으로는 건강을 해친다.

본질적으로 우리는 나쁜 습관을 좋은 습관으로 바꾸면서 더 행복한 사람이 되기 위해 노력하는 삶을 살아가야 한다. 결국 우리는 많은 시간을 여러 가지 습관들로 보내기 때문이다.

우리가 어렸을 때는 습관이 거의 없었다. 그러나 시간이 지나면서 해서는 안 되는 일들을 배우게 되고 자의식을 갖게 되면서 습관을 형성하기 시작한다.

사람들이 어떤 습관을 길렀는지를 보면, 나이가 들수록 더 행복해지는 사람들과 그렇지 않은 사람들 사이의 차이를 알 수 있다. 단기적인 행복보다는 장기적인 행복을 높이는 습관을 길렀는가? 그 사람 주변에 긍정적이고 낙관적인 사람들이 많이 있는가? 사람들과의 관계는 잘 유지되고 있는가? 그들이 질투의 대상이 아니라 진정한 존경의 대상인가?

가장 잘 어울려 다니는 다섯 마리의 침팬지를 통해 침팬지의 행동을 예측할 수 있다는 '다섯 마리 침팬지 이론'이 있다. 나는 그 이론이 인간에게도 적용된다고 생각한다. 친구를 매우 현명하게 선택해야 한다고 말하는 것이 정치적 관점에서는 잘못된 것일 수도 있지만, 가까운 곳에 산다거나 함께 일한다고 해서 무조건 친구로 삼으면 안 된다. 가장 행복하고 낙관적인 사람들은 올바른 다섯 명의 친구를 선택한다.[8]

갈등을 다루는 첫 번째 규칙은 끊임없이 갈등에 휘말리는 사람들과는 어울리지 않는 것이다. 나는 비협조적인 관계나, 지속하기 불가능하거나 어려운 관계에는 관심이 없다.[5]

> 평생토록 함께 일할 수 없는 사람이면, 단 하루 동안이라도 그 사람과 일하지 마라.

내 친구 중에 베자드Behzad라는 페르시아인이 있다. 그는 삶을 사랑하며, 행복하지 않은 사람과는 잘 어울리지 않는다. 베자드에게 그 비결이 무엇인지 묻는다면 그는 그저 고개를 들고 "이유 따위는 따지지 말고 그냥 상대방에게 '우아' 하고 감탄하세요."라고 말할 것이다. 세상에는 그처럼 놀라운 것이 많다는 말이다. 인간으로서 우리는 모든 것을 당연하게 여기는 데 익숙하다. 당신과 내가 지금 하는 것처럼 말이다. 우리는 실내에서 생활하고, 옷을 입고, 배불리 먹으며, 시공간을 통해 서로 소통하는 것을 당연히 여긴다. 하지만 우리는 지금 정글에 앉아 해가 지는 것을 지켜보며 오늘은 어디서 자야 할지를 걱정하는 원숭이 두 마리가 되어야 한다.

우리가 무언가를 이루면 우리는 세상이 우리에게 빚지고 있다고 생각한다. 하지만 당신이 현재를 살고 있다면, 우리 주변에 얼마나 많은 선물이 있고 얼마나 많은 풍요가 있는지 깨닫게 될 것이다. 그러므로 당신이 해야 할 일은 현재를 사는 것뿐이다. 내가 지금 여기 현재에 있으면 이 모든 놀라운 것을 마음대로 사용할 수 있다.[8]

행복해지는 가장 중요한 비결은 행복이 우리가 발전시킬 수 있는 기술이며 우리가 내리는 선택이라는 사실을 깨닫는 것이다. 당신은 행복해지기를 선택하고 노력할 수 있다. 그것은 마치 근육을 키우거나 체중을 줄이는 것, 직장에서 성공하는 것, 미적분학을 배우는 것과 같은 이치다.

행복이 당신에게 중요하다고 생각하면 무엇보다도 그것을 우선시해라. 그리고 그 주제에 관해 필요한 모든 것을 찾아 읽어라.[7]

행복 습관

나는 현재 더 행복해지기 위한 일련의 비결을 가지고 있다. 처음에는 그 비결이 어리석고 어렵게 보여서 많은 관심이 필요했지만, 이제 그중 일부는 제2의 천성이 되었다. 그 비결을 세심하게 실천함으로써 행복 수준을 크게 높일 수 있었다.

가장 확실한 비결은 명상, 즉 통찰 명상(Insight meditation)이다. 명상에 구체적인 목적을 부여하면서 내 마음이 어떻게 움직이는지 이해하려고 노력한다.[7]

나는 매 순간을 인지하고 있다. 이제는 누군가를 내 잣대로 판단하고 있는 자신을 발견하면, 나는 판단을 즉시 멈추고 "이 사람의 긍정적인 면은 무엇일까?"라고 말할 수 있다. 처음에는 매사에 짜증을 내곤 했지만, 이제는 늘 긍정적인 면을 찾는다. 물론 어느 정도 노력이 필요했고 처음에는 긍정적인 생각을 하는 데 몇 초가 걸렸지만, 이제 1초 미만으로 할 수 있다.[7]

나는 더 많은 햇볕을 쬐려고 노력한다. 그리고 하늘을 쳐다보고 미소를 짓는다.[7]

무언가에 대한 욕망이 생길 때마다 이렇게 말해 보라. "이 일이 내 뜻대로 되지 않으면 나는 불행해질 것 같다는 생각이 든다. 이 일이 정말로 그렇게 중요한 일일까?" 하지만 당신은 그것이 대부분 사실이 아니라는 것을 발견하게 될 것이다.[7]

카페인을 끊으니 더 행복해진 것 같다. 나를 더욱 안정적인 사람으로 만들어 주기 때문이다.[7]

매일 운동을 하니 더 행복해진 것 같다. 몸이 평안하면 평안한 마음을 갖기가 더 쉬운 법이다.[7]

더 많이 판단할수록 자신은 더 많이 분리된다. 당신이 다른 사람보다 더 나은 사람이라고 생각하면 자신이 더 좋은 사람으로 생각되기 때문에 순간적으로 기분도 좋아진다. 그러나 나중에는 외로움이 느껴질 것이다. 그러면 모든 곳에서 부정적인 것들이 보인다. 세상은 당신 자신의 감정을 당신에게 다시 반영한다.[77]

친구들에게 당신은 행복한 사람이라고 말하라. 그러면 당신은 강제적으로라도 그 말에 따르게 될 것이다. 우리에게는 일관성 편향(Consistency bias, 어떤 사람이 현재 지닌 특성을 보고 그 사람이 마치 예전부터 그래왔다고 생각하는 인지 편향)이라는 것이 있다. 우리는 그런 편향을 따르게 되어 있다. 당신의 친구들은 당신이 원래부터 행복한 사람이었다고 생각할 것이다.[5]

전화, 달력, 알람 시계 등 세 가지 스마트폰 앱의 사용을 최소화해 시간과 행복을 되찾아라.[11]

비밀이 많을수록 행복감은 떨어진다.[11]

우울증에 걸렸는가? 명상, 음악, 운동을 통해 기분을 가라앉혀라. 그런 다음 남은 하루 동안 정서적 에너지를 새로 충전하라.[11]

우리는 자연적인 쾌락(음식, 섹스, 운동)보다는 인위적인 쾌락(자동차, 집, 옷, 돈)에 더 빠지기 쉽다.[11]

화면을 통한 모든 활동은 행복감의 감소와 연결되고, 화면을 통하지 않는 모든 활동은 행복감의 증가와 연결된다. 여기에 예외는 없다.[11]

다음을 개인적 지표로 삼아라: 관심 있어서가 아니라 의무감으로 일하는 데 하루 중 얼마나 많은 시간을 소비하는가?[11]

뉴스는 당신을 불안하고 화나게 할 뿐이다. 반면 기초과학, 경

제, 교육, 사회 갈등에 관한 보도는 긍정적인 영향을 준다. 늘 낙관적인 태도를 유지하라.[11]

정치, 학계, 사회적 지위는 모두 제로섬 게임에 관한 것이다. 포지티브섬 게임만이 긍정적인 사람을 만들 수 있다.[11]

약물에 의존하지 않고 이를 통해 뇌의 세로토닌을 증가시켜라: 햇빛, 운동, 긍정적인 사고, 트립토판(동물의 영양에 필요한 아미노산)[11]

습관 바꾸기:

바꿔야 한다고 생각하는 습관 한 가지를 골라라. 바꿔야 한다는 의지를 키워라. 시각화하라.

지속 가능한 경로를 계획하라.

옛 습관의 욕구와 촉발 요인, 그리고 대체 습관을 찾아라.

습관을 바꾸기로 결심했다고 친구들에게 말하라.

실천하고 있는지 꼼꼼하게 추적하라.

자기 훈련은 새로운 자아상으로 가는 다리다.

새로운 자아상을 굳건하게 하라. 현재의 당신 모습이다.[11]

먼저 무엇인지 알고 난 다음 이해하라. 그다음엔 설명해 보고 그것을 느껴 보라. 이제 당신 것이 되었다.

삶을 받아들이면서 행복을 찾아라

어떤 상황에서든 습관에 관해 늘 세 가지 선택이 있다. 습관을 바꾸거나, 그대로 받아들이거나, 버리거나. 습관을 바꾸고 싶다면 필요한 것은 의지이다. 성공적으로 바꿀 수 있을 때까지 고통이 따를 것이다. 그러니 너무 많은 것을 고르려고 하지 마라. 주어진 시간에 자신에게 목적과 동기를 부여해 줄 가장 큰 것 하나만 선택하라.

왜 두 가지는 안 되나요?

두 가지 이상을 원하면 주의가 산만해질 것이다.

하나만으로도 충분히 어렵다. 평화로움은 마음에서 많은 생각을 버리는 데서 비롯된다. 그리고 그런 마음 청소는 현재의 순간에 머물러야만 가능하다. "이걸 해야 해. 저것도 좋은데. 바꿔야겠어." 라고 생각한다면 현재에 머물러 있기가 어렵다.[8]

당신에게는 늘 세 가지 옵션이 있다. 바꿀 수도 있고, 그대로 받아들일 수도 있고, 버릴 수도 있다. 다만 바꾸기를 바라면서도 바꾸지 않고, 버리고 싶으면서 버리지도 않고, 그렇다고 받아들이지도 않는 것은 좋은 선택이 아니다. 우리 불행의 대부분은 그런 갈등이나 혐오감이 차지한다. 내가 머릿속에서 가장 많이 사용하는 문구는 '받아들인다.'라는 한 단어다.[5]

당신에게 '받아들인다는 것'은 어떤 모습인가요?

'받아들인다'는 것은 결과가 어떻든 괜찮다고 하는 것이다. 균형을 이루고 중심이 잡혀 있는 것이며, 한 걸음 물러나 사물의 더 큰 계획을 보는 것이다. 우리는 원하는 것을 늘 얻지는 못하지만 때로는 그냥 발생하는 일이 최선일 수도 있다. 그것을 현실로 빨리 받아들일수록 더 빨리 적응할 수 있다. '받아들이는 것'을 실천하기는 매우 어렵다. 나도 몇 가지 방법으로 시도해 보았지만 완전히 성공했다고는 말할 수 없다.

한 가지 방법은 한발 물러서서 그동안 살면서 겪었던 과거의 사소한 고통을 되돌아보는 것이다. 그리고 그것들을 적어본다. "언젠가 누군가와 헤어졌을 때, 사업에 실패했을 때, 건강에 문제가 있었을 때, 과연 무슨 일이 일어났었던가?" 그러면 그 이후 몇 년 동안 일어난 성장과 개선을 추적해 볼 수 있다.

사소한 고통을 되돌아보는 또 다른 방법이 있다. 물론 그런 일이 다시 발생하면 나의 일부는 예전처럼 즉시 부정적으로 반응하겠지만 이제는 마음속으로 묻는 법을 배웠다.

"이 상황에서 긍정적인 점은 무엇인가?"

"좋아, 회의에 늦겠군. 하지만 늦게 도착하는 것이 내게 어떤 유익이 될까? 잠시 긴장을 풀면서 새들을 관찰하는 것도 좋지. 그 지루한 회의에 시간을 덜 쓰게 된 것도 나쁘진 않네."

찾아보면 모든 일에 긍정적인 점은 늘 있게 마련이다. 설사 긍정적인 점이 바로 떠오르지 않더라도 "글쎄, 우주가 나에게 무엇을 가르쳐 주는지 귀 기울이고 배워 보자."라고 말할 수 있다.

실제로 있었던 간단한 사례를 들어보겠다. 내가 어떤 행사에 참석하고 있었는데, 나중에 누군가가 자신이 찍은 사진들을 잔뜩 내 메일로 보내준 적이 있다. 나는 순간적으로 이런 생각이 들었다. '가장 잘 나온 사진 몇 장만 보내주면 되지 이렇게 100장씩이나 보낼 게 뭐람?'

하지만 즉시 스스로에게 물었다. '여기서 긍정적인 점은 무엇일까?' 나는 내 판단에 따라 그중에서 내가 가장 좋아하는 사진을 고를 수 있었다.

지난 1년 동안 이 방법을 충분히 연습한 덕분에, 나는 스스로 자문하는 데 몇 초씩 걸리던 것에서 이제는 내 뇌가 즉시 판단할 수 있게 되었다. 이것이 바로 당신 스스로 뭔가를 하게끔 훈련하는 습관이다.[8]

바꿀 수 없는 것을 받아들이는 법은 어떻게 해야 배울 수 있나요?

이것은 근본적으로 한 가지 큰 주제로 결론 내릴 수 있다. 바로 죽음을 받아들이는 것이다.

죽음은 앞으로 우리에게 일어날 가장 중요한 일이다. 죽음에 직면해서 도망치기보다 죽음을 인정한다면 삶에 큰 의미를 가져다줄 것이다. 우리는 죽음을 피하려고 인생의 많은 시간을 보낸다. 우리가 살면서 아옹다옹하는 것의 상당 부분은 불멸에 대한 추구 때문이라고 볼 수 있다.

당신이 종교를 가지고 있어서 사후 세계가 있다고 믿는다면 큰 위로를 받을 수 있을 것이다. 그러나 종교가 없는 사람일지라도 자녀는 있을 것이고, 당신이 예술가, 화가, 사업가라면 자녀들에게 유산을 남기고 싶을 것이다.

여기서 당신에게 해 주고 싶은 중요한 조언은 유산은 없다는 것이다. 실제로 당신은 남겨 줄 것이 없다. 우리는 모두 사라질 것이기 때문이다. 아이들도 사라질 것이다. 우리가 생전에 한 모든 일은 먼지가 될 것이다. 우리 문명도, 우리 행성도, 태양계도 먼지가 될 것이다. 크게 보면 우주는 약 100억 년 동안 존재해 왔고 앞으로 100억 년은 더 존재할 것이다.

이에 비하면 우리의 인생은 밤에 깜박이는 반딧불과 같다. 우리는 아주 짧은 시간 동안 지구에서 살다 갈 뿐이다. 우리가 하는 일의 허무함을 충분히 인정한다면, 이 모든 것이 게임에 불과하다는 것을 깨닫고 더 큰 행복과 평화를 얻을 수 있다고 생각한다. 물론 인생은 재미있는 게임이다. 중요한 것은 인생을 살아가면서 현실을 제대로 경험해야 한다는 것이다. 그러므로 가능한 가장 긍정적인 방식으로 삶을 해석해 보지 않겠는가?

당신이 잘 지내지 않고 정말로 행복하지 않다고 생각한다면, 누구에게도 호의를 베풀지 않을 것이다. 이는 당신의 불행이 어떻게든 남들을 더 좋게 만든다는 말과는 다른 개념이다. 당신이 하는 일이란 것도 그나마 지구상에서 당신이 가질 수 있는 정말로 작고 소중한 시간을 낭비하는 것이다. 그러므로 죽음을 전면에 내세우고 이를 부정하지 않는 태도가 매우 중요하다.

나는 내 자아와의 싸움에 휘말릴 때마다 왔다가 사라진 모든 문명을 생각한다. 예를 들어 수메르인을 생각해 보자. 그들이 인류 역사에서 중요한 사람들이었고 훌륭한 일을 많이 했음은 의심의 여지가 없다. 하지만 내게 수메르인 이름 하나라도 대보라. 그들이 행한 흥미롭고 중요한 일 중에서 지금까지 남아 있는 일을 하나라도 대보라. 아무것도 없다.

그러니 아마 지금으로부터 1만 년, 혹은 10만 년 후에 사람들은 말할 것이다. "아, 그래 미국인들. 미국인이라는 사람들이 있었다는 얘기는 들었지."[8]

당신은 언젠가 죽을 것이고, 그 또한 전혀 중요하지 않다. 그러니 당신 자신을 마음껏 즐겨라. 긍정적인 일을 하라. 사랑하라. 누군가를 행복하게 해 줘라. 조금이라도 웃어 보라. 현재에 감사하라. 그런 다음 당신 일을 하라.[8]

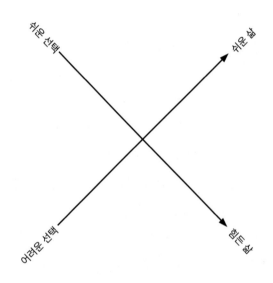

나발 라비칸트의 부와 행복의 원칙

당신의 몸은 당신이 구하라

의사가 당신을 건강하게 만들어 주지 않는다.
영양사가 당신을 날씬하게 만들어 주지 않는다.
선생님이 당신을 똑똑하게 만들어 주지 않는다.
영적 스승이 당신을 평온하게 만들어 주지 않는다.
멘토들이 당신을 부자로 만들어 주지 않는다.
트레이너가 당신을 멋있는 몸매로 만들어 주지 않는다.

결국 당신에 대한 책임은 당신이 져야 한다.
당신 자신을 구원하라.

자기 자신이 되어라

오늘도 우리는 같은 일을 연속적으로 반복한다. 너무 바빠 스스로 자책하다가 오늘 할 일을 적으며 중얼거린다. "이것도 해야 하고, 저것도 해야 하고……." 아니다. 당신은 아무것도 할 필요가 없다.

당신은 당신이 하고 싶은 일만 하면·된다. 또 다른 사람들이 당신에게 원하는 방식으로 일을 수행하려는 습관을 버릴 수 있다면, 당신만의 특정한 방식으로 일하기를 원하는 머릿속 작은 목소리를 들을 수 있을 것이다. 그러면 당신은 비로소 당신다워질 것이다.

> 내 가장 위대한 멘토를 아직 직접 만나지는 못했지만 그분은 내가 정말로 닮고 싶은 분이다. 그러나 그의 메시지는 내 생각과는 정반대다. "누구를 닮으려 하기보다는 강렬한 열정을 지닌 자기 자신이 되어라."

세상의 어느 누구도 당신다운 일에 관해서만큼은 당신을 이길 수 없다. 당신 또한 나만큼 나다운 일을 잘할 수 없을 것이다. 물론, 다른 사람의 말을 듣고 배울 수는 있지만 무조건 모방하려고 하지는 마라. 그것은 아무 의미가 없다. 우리는 모두 어떤 일에 대해 고유한 능력을 지니고 있다. 우리는 모두 자신만의 유전자DNA와 발달 과정이 결합되어 세상 그 누구도 갖지 못한 특정한 지식, 능력, 욕구가 있다.

> 자신만의 유전자와 경험이 결합하면 놀라운 결과가 나타난다. 세상 그 누구도 당신을 대체할 수 없다.

인생의 목표는 당신을 가장 필요로 하는 사람, 회사, 프로젝트, 예술을 찾는 것이다. 어딘가에 오직 당신만을 위한 것이 있다. 당신은 다른 사람들이 자신의 일을 하기 위해 만들어 놓은 체크리스트, 의사 결정 틀을 따를 필요가 없다. 당신은 그들이 아니기 때문이다. 당신은 다른 사람이 되는 일을 결코 잘할 수 없다.[4]

> 독창적인 기여를 하려면 그 일에 완전히 미쳐야 한다.

자신을 돌보라

내 인생에서 가장 중요한 것은 내 행복, 내 가족, 내 일보다 내 건강이다. 첫째는 내가 신체적으로 건강해야 한다. 둘째는 내 정신 건강이고 셋째는 나의 영적 건강이다. 그다음이 우리 가족의 건강이고, 그다음이 우리 가족의 행복이다. 그러면 나는 아무 걱정 없이 나가서 세상 사람들과 무엇이든 내가 해야 할 일을 할 수 있다.[4]

> 남은 생애 동안 활력 있는 삶을 살기 위해서 건강 문제만큼 중요한 것은 없다.

현대 세계가 인간이 살아가야 할 방식에서 우리를 멀어지게 만드는 것은 무엇인가요?

아주 많은 것이 있다.

신체적 측면에서 보아도 많다. 우리의 식단은 여전히 진화되지 않았다. 올바른 식단은 아마도 소량의 고기와 딸기류를 채소와 함께 먹는 팔레오 식단(Paleo diet, 구석기 시대 인류가 먹던 식단)에 더 가까울 것이다.

운동의 경우를 예로 들자면, 인간은 러닝머신에서 뛰는 대신 실제로 야외 활동을 하게끔 되어 있다. 우리는 아마도 시각 피질을 선호하기보다는 오감을 모두 같게 사용하도록 진화해야 했을 것이다. 그러나 현대 사회에서는 거의 모든 입력과 의사소통이 시각적이다. 인간은 또 신발을 신고 걷도록 창조되지 않았다. 허리와 발의 많은 문제는 대개 신발에서 비롯된다. 인간은 또 늘 옷을 입고 몸을 따뜻하게 유지하면서 살도록 창조되지 않았다. 우리 몸은 추위에 노출되도록 창조되었고 그래야만 우리의 면역 체계가 활성화된다.

인간은 또 완벽하게 살균되고 깨끗한 환경에서 살도록 진화되지 않았다. 그런 환경은 오히려 알레르기를 일으키고 면역력이 생기지 않게 만든다. 이를 위생 가설(Hygiene hypothesis, 유아기에 먼지, 박테리아 등 전염병을 발생시키는 물질에 노출되지 않으면 면역 체계가 약해져서 알레르기나 천식에 걸릴 가능성이 오히려 커진다는 이론)이라고 한다. 우리는 작은 부족에서 살다가 주변에 가족이 더 많아지는 환경에 적응하도록 진화했다.

나는 어린 시절 잠깐 인도에서 보냈다. 인도에서는 모든 가족이 당신의 일에 참견한다. 당신과 닮은 사촌, 숙모, 삼촌들이 있어서 혼자라는 생각이 들지 않기 때문에 좀처럼 우울해할 일이 없다(화학적 우울증 환자가 없다는 말이 아니라 십 대들이 실존적 불안과 우울증을 겪는 일이 적다는 의미다). 반면에 사생활이 없어서 자유롭지 못하다는 단점도 있다. 장단점이 모두 있는 셈이다.

우리는 5분마다 휴대전화를 확인하도록 창조되지 않았다. '좋아요'를 받으면 기분이 좋아지고 악성 댓글을 보면 분노하는 것은 우리를 불안한 존재로 만든다. 우리는 부족한 환경에서도 살 수 있도록 진화했지만 실제로는 풍요롭게 살고 있다. 당신의 유전자는 늘 '예'라고 말하고 싶어 하는데도 '아니오'라고 대답하기 위해 끊임없이 싸우고 있다. 우리는 현재의 관계를 유지하려고 할 뿐 아니라 설탕, 술, 마약에 쉽게 넘어간다. 우리 몸은 거절하는 방법을 모른다.[8]

> 모든 사람이 아프다면 우리는 그것을 더 이상 질병으로 간주하지 않는다.

식단

> 수학, 물리학, 화학 외에 '안정된 과학'은 그리 많지 않다. 최적의 식단이 무엇인지에 대해 우리는 여전히 논쟁 중이다.

케톤 형성 식단에 대해 어떻게 생각하시나요?

식이요법은 정말 따라 하기 힘든 것 같다. 그러므로 뇌와 몸이 동시에 따라 할 수 있는 메커니즘을 갖는 것이 좋을 것이다. 예를 들어, 빙하 시대에 인간은 먹을 수 있는 식물이 많지 않은 상태에서 진화했다. 그래서 우리는 수천 년 동안 식물을 먹으며 살았다. 식물이 몸에 나쁘다고 생각하지는 않지만, 우리 조상들의 식단은 아마도 팔레오 식단에 더 가까웠을 것이다.

설탕과 지방의 상호작용은 정말 흥미로운 것 같다. 지방은 우리에게 만족감을 느끼게 해 준다. 지방이 많은 음식은 포만감을 준다. 포만감을 느끼기 위한 가장 쉬운 방법은 케톤 형성 식단 (Ketogenic diet, 지방 섭취를 늘리고 탄수화물·단백질 섭취를 줄이는 식이요법)을 따르는 것이다. 베이컨을 많이 먹으면 지방 냄새가 역겨워져서 더 이상 지방을 먹고 싶지 않게 될 것이다.

설탕은 우리를 배고프게 만든다. 설탕은 '우리가 진화해 오지 않은 환경에 이런 놀라운 식량 자원이 있다'는 신호를 우리 몸에 보냄으로써 설탕을 먹으러 서둘러 달려가게 만든다. 문제는 설탕 효과가 지방 효과를 이긴다는 것이다. 지방이 많은 식사를 하고 난 뒤에 설탕을 조금 섭취하면, 설탕이 배고픔을 느끼게 하고 지방은 칼로리를 공급하게 되어 폭식으로 이어진다. 모든 디저트가 지방과 탄수화물의 큰 조합인 것은 바로 이 때문이다.

자연에서는 탄수화물과 지방이 함께 발견되는 경우가 매우 드물다. 자연에서는 코코넛, 망고, 바나나 같은 열대 과일에서나 탄수화물과 지방이 함께 발견될 뿐이다. 그러나 설탕과 지방의 결합은 진짜 치명적이므로 식단을 짤 때 주의를 기울여야 한다.

나는 식단 전문가는 아니지만, 식단과 영양은 정치와 비슷한 것 같다. 다들 자신이 전문가라고 생각한다. 그들의 주장 안에는 자신의 정체성이 담겨 있다. 자신들이 지금까지 먹어왔던 것, 먹어야 한다고 생각하는 것이 확실한 정답이라고 생각하기 때문이다. 모든 사람은 어느 정도 종교성을 지니고 있다. 종교는 정말 이야기하기 어려운 주제다. 어쨌든 일반적으로 모든 합리적인 식단에서는 설탕과 지방의 조합을 피할 것을 권하고 있다.[2]

> 식이지방은 포만감을 유발한다. 식이설탕은 배고픔을 유발한다. 그러나 설탕 효과가 지방 효과를 이긴다. 그러므로 당신의 식욕을 조절해야 한다.

건강하고 탄탄한 몸매를 가진 사람들은 대부분 얼마나 먹는지보다 무엇을 먹는지 훨씬 더 중요하게 생각한다. 식사의 질 관리는 결국 식사량의 관리로 이어진다.[11]

아이러니하게도 단식(저탄수화물/팔레오 기반)이 칼로리 조절보다 더 쉽다. 우리 몸이 음식을 탐하게 되면 뇌의 경고를 무시하기 때문이다.[11]

원더 브레드(Wonder Bread, 미리 얇게 썰어 놓은 빵. 샌드위치, 토스트의 기원)에 대해 궁금한 점은 어떻게 상온에서 몇 달 동안이나 부드러움을 유지할 수 있을까 하는 것이다. 어떻게 박테리아가 생기지 않을 수 있을까?[11]

5천 년이 지났어도 우리는 아직도 고기가 해로운지 식물이 해로운지를 두고 논쟁을 벌이고 있다. 극단주의자들과 지난 수백 년 내에 발명된 음식과는 인연을 끊어라.[11]

약과 영양에 관한 한, 새로운 것을 추가하기보다는 기존에 있는 것 빼기를 먼저 생각하라.[11]

트레이너가 보내주는 자신의 식사 사진을 보면 우리는 모두 맛 중독자라는 생각이 든다.[11]

> 세상에서 가장 간단한 식단: 가공식품이 많을수록 더 적게 섭취하라.

운동
운동을 열심히 할수록 하루가 쉬워진다.

당신의 삶에 가장 긍정적인 영향을 미치는 습관은 무엇인가요?
매일 아침 운동을 하는 것이다. 그것이 내 모든 것을 바꾸어 놓았다. 덕분에 더 건강해지고 젊어진 느낌이 들었고 밤에 외출하는 것도 삼가게 되었다. 내가 매일 아침 운동을 하게 된 것은 사람들이 늘 '시간이 없다'는 말을 버릇처럼 한다는 걸 알고 나서부터였다. 사람들에게 소위 좋은 습관을 권유할 때마다 그들이 하는 가장 흔한 변명은 '시간이 없다'는 것이었다.

사실 '시간이 없다'는 말은 '그건 우선순위가 아니에요.'라는 말을 돌려서 표현하는 것일 뿐이다. 그러므로 당신이 정말로 해야 할 말은 그것이 우선순위인지 아닌지를 명확하게 밝히는 것이다. 무엇인가가 당신의 최우선 순위라면 당신은 누가 시키지 않아도 그것을 할 것이다.

그것이 바로 우리가 사는 방식이기 때문이다. 우선순위가 애매모호하게 10~15가지가 뒤섞여 있다면 결국 아무 일도 제대로 해내지 못할 것이다.

사실 내가 한 일이라고는 행복, 가족, 일보다 내 자신의 건강을 내 삶의 최우선 순위로 결정한 것뿐이다. 내 몸이 건강해야 어떤 일이든 할 수 있을 것이기 때문이다.[4]

내 몸 건강을 최우선으로 삼으면서부터는 운동할 '시간이 없다'는 말을 절대 하지 않게 되었다. 나는 아침에 일어나면 시간이 얼마나 걸리든 운동을 한다. 운동하지 않고 하루를 시작하는 법이 없다. 세상이 무너지고 녹아내려도 상관하지 않는다. 내가 운동을 마칠 때까지 30분 정도는 괜찮을 것이다.

나는 거의 매일 운동을 한다. 여행을 가거나 다치거나 아파서 빠뜨린 날도 있지만, 그런 날은 1년에 다섯 손가락 안으로 꼽을 수 있다.[4]

> 요가를 한 달 동안만 꾸준히 해도 10년은 더 젊어진 것 같은 기분이
> 든다. 유연성을 유지하는 것이야말로 젊음을 유지하는 비결이다.

습관을 만드는 방법은 중요하지 않다. 매일 뭔가를 하라. 무엇을 하든 상관없다. 웨이트 트레이닝, 테니스, 필라테스, 고강도 인터벌 트레이닝(속도와 강도가 다른 운동을 교차시켜 가며 하는 운동), 해피 바디(The Happy Body, 명상, 영양, 식단, 운동 등이 결합된 종합적인 고강도 트레이닝) 등을 놓고 무엇을 해야 할지 고민하는 사람들은 요점을 놓치고 있다. 중요한 것은 매일 뭔가를 하는 것이지, 그것이 무엇인가는 중요하지 않다. 당신에게 가장 좋은 운동은 매일 할 수 있을 만큼 당신이 재미있어하는 운동이다.[4]

걷기 모임:
- 두뇌가 더 잘 작동한다.
- 운동과 함께 햇빛에 노출된다.
- 의미 없는 사교적 인사말은 더 짧아지고 줄어든다.
- 대화는 늘어나고 독백은 줄어든다.
- 미끄러져 넘어질 위험이 없다.
- 뒷걸음으로 가볍게 마무리하면 좋다.

인생의 모든 것과 마찬가지로, 단기적인 희생을 기꺼이 감수하면 장기적인 이익을 얻게 될 것이다. 내 운동 트레이너(예지 그레고렉Jerzy Gregorek)는 정말 현명하고 뛰어난 사람이다. 그는 늘 "쉽게 선택하면 삶이 어려워지고, 어렵게 선택하면 삶이 쉬워진다."라고 말한다.

예를 들어, 당신이 무엇을 먹을지 지금 어려운 선택을 한다는 것은 입에 당기는 정크 푸드를 일절 삼가고 운동하는 어려운 선택을 한다는 것을 의미한다. 그러면 당신의 인생은 장기적으로 쉬워질 것이다. 아프지도 않고 건강한 삶을 누릴 것이다. 올바른 가치관에 따라 사는 것도, 어려울 때를 대비해 저축하는 것도 같은 이치다. 인간관계를 구축하는 방법도 마찬가지다. 지금 당장 쉬운 선택을 한다면 인생 전체가 훨씬 더 어려워질 것이다.[4]

명상은

마음을 위한

간헐적 단식이다

명상을 하라

> 감정은 현재 사건이 미래에 미칠 영향을 예측하는 진화된 생체 작용
> 이다. 그런데 현대 환경에서는 감정이 일반적으로 과장되거나 잘못
> 이해되고 있다.

명상이 강력한 이유가 무엇인가요?

호흡은 자율신경계가 자발적 신경계와 만나는 몇 안 되는 장소 중 하나다. 호흡은 비자발적이지만 당신이 통제할 수 있다. 많은 명상 수련에서 호흡을 강조하는 이유는 호흡이 자율신경계로 들어가는 관문이기 때문이다. 의학 및 영성 관련 문헌에는 자기 몸을 통제하는 사람들에 관한 사례가 아주 많이 나온다.

당신의 마음은 매우 강력한 것이다. 전뇌가 후뇌에 신호를 보내면 후뇌가 자원을 몸 전체에 전달하는데, 이런 특이한 시스템은 어떻게 작동할 수 있게 되는 것일까?

호흡만으로도 그런 시스템이 작동할 수 있다. 호흡이 편안하면 몸이 안전한 상태에 있다는 뜻이다. 그러면 전뇌에 평소만큼 많은 자원이 필요하지 않다. 따라서 여분의 에너지가 후뇌로 보내지며 후뇌는 이 자원을 신체의 나머지 부분으로 다시 전달하게 되는 것이다.

물론 후뇌가 활성화되었다고 해서 어떤 질병을 앓고 있든 모두 이겨낼 수 있다는 말은 아니다. 그러나 외부 환경에 신경을 쓰는 데 일반적으로 필요한 에너지 대부분을 면역 체계에 집중적으로

쏟을 수 있다.

네덜란드의 극한 스포츠 선수이자 동기부여 연설가인 윔 호프Wim Hof와 팀 페리스의 팟캐스트를 들어볼 것을 강력 추천한다. 윔은 살아 있는 기적 그 자체다. 그의 별명은 아이스맨으로, 얼음 욕조에 가장 오랜 시간 동안 몸을 담그는 기록을 세웠고 얼음물 수영에서도 세계 기록을 보유하고 있다. 나는 윔에게서 큰 영감을 받았다. 그는 초인 적인 신체적 능력을 지녔을 뿐만 아니라, 믿기 어려울 만큼 친절하고 행복하게 그 일을 해낸다. 이는 절대 쉽지 않은 일이다.

윔은 우리가 자연환경과 너무 분리되어 있다고 생각하며, 추위에 노출되는 생활을 해야 한다고 주장한다. 우리는 늘 옷을 입고 살고 따뜻한 음식을 먹으며 몸을 따뜻하게 한다. 그래서 우리 몸은 추위 에 접촉하는 능력을 잃어버렸다. 추위가 우리 몸에 중요한 이유는 우리 면역 체계를 활성화해 주기 때문이다.

그래서 윔은 장시간 얼음 목욕을 해야 한다고 주장한다. 나는 인 도 출신이기 때문에 얼음 목욕에 대해서는 완강히 반대하는 입장 이었다. 하지만 윔은 내게 찬물 샤워라도 시도해 보라고 영감을 주 었다. 나는 윔 호프의 호흡법을 사용해 찬물 샤워를 시도해 보았 다. 찬물 샤워를 하려면 혈액에 더 많은 산소를 공급하기 위해 가 쁘게 호흡해야 하며, 그러면 체온이 상승한다. 그런 다음 본격적으 로 샤워를 시작하면 된다.

찬물 샤워를 처음 몇 번 하니 기분이 정말 좋았다. 처음엔 천천 히 긴장을 풀었는데도 몸이 움찔거렸다. 약 4~5개월쯤 전에 찬물 샤워를 시작했는데 이제는 샤워기를 최대로 틀고 바로 들어간다.

전혀 망설일 틈을 주지 않는다. 얼마나 추울까 주저하는 머릿속의 목소리가 들리자마자 들어가야 한다는 걸 알기 때문이다.

나는 찬물 샤워에서 매우 중요한 교훈을 배웠다. 우리가 느끼는 고통은 대부분 회피에서 비롯된다는 것이다. 찬물 샤워의 고통은 처음 까치발로 들어갈 때뿐이다. 일단 들어가면 더 이상 고통이 아니다. 물론 춥긴 하지만, 몸이 춥다고 말하는 것과 마음이 춥다고 말하는 것은 다르다. 몸이 춥다고 말한다는 사실을 그대로 받아들이고 정면으로 응시하며 상대하라. 받아들이되 그것에 대해 정신적인 고통을 느끼지 마라. 2분 동안 찬물 샤워를 한다고 해서 절대로 죽지 않는다.

찬물 샤워를 하면 매일 아침 이런 교훈을 다시 배우게 된다. 이제 뜨거운 샤워는 내 인생의 필요 목록에서 빠졌다.[2]

> 명상은 마음을 위한 간헐적 단식이다.
>
> 설탕을 너무 많이 먹으면 몸이 무거워지고 주의가 산만해지며 마침내 마음까지 무거워진다.
>
> 혼자서 정신을 집중하고 자기 성찰, 일기 쓰기, 명상을 하면 해결되지 않은 문제를 해결할 수 있고 정신적 건강으로 우리를 이끌어 줄 것이다.

현재 어떤 명상 훈련을 하고 있나요?
나는 명상이 까다로운 식단을 따라야 하는 식이요법과 같다고 생각한다. 식이요법을 하는 사람들은 모두 특정 식단을 따르고 있다고 말은 하지만 실제로 엄격하게 지키는 사람은 거의 없기 때문이다. 내가 아는 바로도, 규칙적으로 명상을 하는 사람들은 극히 드물다. 나는 적어도 네 가지 다른 형태의 명상을 찾아서 시도해 보았다.

내게 가장 잘 맞는 명상은 '선택하지 않는 깨달음(Choiceless Awareness)' 또는 '판단하지 않는 깨달음(Nonjudgmental Awareness)'이라고 부르는 명상이다. 일상생활을 하면서(주위에 자연이 있으면 좋을 것이다) 다른 사람과 잡담하지 않고 어떤 판단도 내리지 않으며 현재의 순간을 받아들이는 법을 배우는 훈련을 하는 것이다.

예를 들어 "아, 저기 노숙자 한 명이 있으니 그와 마주치지 않으려면 길을 건너는 게 좋겠군."이라고 생각하거나, 지나가는 사람을 보고 "저 사람 몸매가 형편없군. 저 사람에 비하면 내 몸매는 훨씬 나은 편이지."라는 생각을 하지 않는 것이다.

우리는 일이 잘 안 풀리는 사람을 만나면 처음에는 "하하, 저 친구 오늘 운이 안 좋군(He has a bad hair day)."이라고 생각한다. 그런데 내가 그를 비웃는다고 해서 내 기분이 조금이라도 좋아질까? 왜 내 머리는 언제나 좋게 보이려고 애쓰는 것일까? 바로 내 머리카락이 빠지고 있어서 언젠가는 다 없어질까 두렵기 때문이다. 우리 생각의 90%는 두려움에 기반을 둔다. 나머지 10%는 욕망에 기반을 두고 있는지 모른다.

이 명상 훈련에서는 어떤 결정도 내리지 않으며 아무것도 판단하

나발 라비칸트의 부와 행복의 원칙

지 않는다. 당신은 모든 것을 받아들인다. 산책하면서 10분, 15분 정도 이 훈련을 하면 아주 평화롭고 감사한 상태가 된다. '선택하지 않는 깨달음' 명상은 내게 아주 효과가 있다.[6]

초월명상(Transcendental meditation)도 할 수 있는데, 이는 주문(呪文)을 반복 암송함으로써 머릿속에 백색 소음(White noise, 거의 일정한 주파수 스펙트럼을 가지는 신호)을 발생시켜 잡생각을 묻어버리는 방법이다. 이 명상을 하면 잡생각이 일어날 때마다 매우 예민하고 주의 깊게 알아차릴 수 있다. 당신의 생각을 관찰하면서 그중 얼마나 많은 것이 두려움에 기반을 둔 것인지 깨닫게 된다. 두려움을 인식하는 순간 두려움은 저절로 사라지고 곧 마음이 조용해진다.

마음이 고요해지면 주변에 늘 있던 모든 것이 당연하지 않게 보인다. 당신은 세부적인 것까지 주목하기 시작한다.

"우아, 내가 이렇게 아름다운 곳에 살고 있었구나. 이렇게 좋은 옷을 입고 언제든지 커피도 마실 수 있으니 얼마나 좋은가. 이 사람들 좀 봐. 모두 각자의 머릿속에서 완벽하게 정당하고 완전한 삶을 살고 있구나."

우리는 끊임없이 우리 자신에게 퍼붓는 잔소리에 파묻혀 있다. 10분이라도 자신에게 잔소리하는 것을 멈춘다면, 자신의 이야기에 집착하는 것을 멈춘다면, 우리가 매슬로우의 욕구 단계 최상위층에 있으며 우리의 삶이 꽤 멋지다는 것을 깨닫게 될 것이다.[6]

> 인생 꿀팁: 잠자리에 들기 전 명상을 해 보라. 깊은 명상에 빠지거나 잠이 들거나 둘 중 하나일 것이다. 어느 쪽이든 승리를 거둘 것이다.

내가 배운 또 다른 명상 방법은 그냥 그대로 앉아서 하루에 한 시간 이상 눈을 감는 것이다. 무슨 일이 일어나든 몸을 그대로 맡기고 어떤 일도 하지 않는다. 마음속에 생각이 흐르고 있다면 그 생각이 흐르도록 내버려 둬라.

사는 동안 많은 일이 당신에게 일어났다. 어떤 일은 좋았고 어떤 일은 나빴으며, 대부분은 이제 처리되어 다 끝난 일이 되었지만 일부는 아직도 당신에게 달라붙어 점점 더 굳어져서 따개비처럼 되었을 수도 있다. 당신은 어린 시절의 경이로움과 현재를 사는 행복한 감각을 모두 잃어버렸다. 해결되지 않은 고통, 실수, 두려움, 욕망이 당신 성격의 일부가 되면서 내면의 행복을 잃었다.

그 따개비를 어떻게 없앨 것인가? 이 명상은 가만히 앉아서 마음에 저항하지 않는 것이다. 아마도 많은 생각들이 끓어오르기 시작할 것이다. 마치 답장을 쓰지 못한 이메일이 가득 찬 '받은 편지함'처럼 말이다. 당신은 이제 그 이메일을 하나씩 열어가며 답장을 써야 한다.

오래된 문제들을 하나씩 해결해야 한다. 하지만 문제를 해결하는 데 어떤 노력도 필요하지 않다. 그냥 관찰하기만 하면 된다. 이제 당신은 옛날의 사건과 어느 정도 거리와 시간, 공간을 확보한 어른이 되었고, 이제 그 문제를 차분하게 하나씩 해결하면 된다. 이제 당신은 그 문제들을 훨씬 더 객관적으로 볼 수 있게 되었다.

시간이 지나면 마음속에 깊이 자리 잡은, 해결되지 않은 많은 일이 저절로 해결될 것이다. 문제가 해결되면 앉아서 명상하는 날이 올 것이며, 당신의 마음속 '받은 편지함'에는 아무것도 없게 될 것이다. 당신의 마음속 '받은 편지함'을 열었는데 아무것도 없을 때 아주 놀라운 느낌이 들 것이다.

바로 기쁨과 행복과 평화의 상태다. 한번 맛을 보면 포기하고 싶지 않을 것이다. 매일 아침 앉아서 눈을 감는 것만으로도 자유롭고 행복한 시간을 누릴 수 있다면, 그것은 금과 같은 가치가 있으며 당신의 인생을 바꿔 놓을 것이다.

매일 아침 한 시간씩 명상할 것을 강력 추천한다. 한 시간보다 적으면 깊이 들어가기에 충분하지 않기 때문이다. 정말로 명상을 해 보고 싶다면 아침에 일어나서 가장 먼저 한 시간씩 60일 동안 명상을 해 보라. 60일 정도 지나면 자신의 마음에 귀 기울이는 일이 피곤해질 것이다. 그것은 당신이 이미 많은 문제를 해결했거나 두려움과 문제를 간파할 만큼 마음의 소리를 충분히 들었기 때문이다.

명상은 생각보다 어렵지 않다. 해야 할 일이라곤 그대로 앉아서 아무것도 하지 않는 것뿐이다. 그냥 가만히 앉아서 눈을 감고 말해 보라.

"나는 지금 나 자신에게 쉬는 시간 한 시간을 주고 있어. 지금은 쉬는 시간이야. 지금은 아무것도 하지 않는 시간이야. 생각이 떠올라도 생각과 싸우지 않을 거야. 그 생각들을 받아들이지 않을 거야. 더 열심히 생각하지도 않겠지만 그 생각들을 거부하지도 않을 거야. 난 그냥 여기 앉아서 눈을 감고 한 시간 동안 아무것도 하지 않을 거야."

매우 힘들 것 같다고? 왜 우리는 단 한 시간만이라도 아무것도 하지 않을 수 없을까? 한 시간 동안 자신에게 휴식 시간을 주기가 왜 어려울까?[74]

상황을 해석하는 방법을 통제할 수 있다는 사실을 깨달은 적이 있나요? 사람들은 자신이 상황을 해석하고 대응하는 방법을 통제할 수 있다는 사실을 인식하지 못하는 것 같습니다.

나는 사람들이 상황을 해석하는 방법을 통제할 수 있다는 것이 가능하다는 것을 알고 있다고 생각한다. 인도의 명상가 오쇼 라즈니쉬Osho Rajneesh의 '마약에 대한 매력은 영적인 것이다'라는 제목의 명강의가 있다. 그는 사람들이 마약(알코올부터 환각제, 대마초까지의 모든 것)을 하는 이유에 관해 이야기하고 있다.

바로 정신 상태를 통제하기 위해, 즉 자신의 반응 방식을 통제하기 위해 마약을 한다는 것이다. 그들은 세상일에 신경 쓰지 않는 데 도움이 된다는 이유로 술을 마시기도 하고, 정신을 멍하게 할 수 있다는 이유로 대마초를 흡입하기도 하고, 현재를 있는 그대로 느끼거나 자연과 연결되어 있다는 느낌을 받기 위해 환각제를 사용하기도 한다. 이처럼 마약의 매력은 영적이라는 말이다.

오쇼에 따르면 사회의 모든 사람이 어느 정도 이런 환각 상태를 추구한다. 액션 스포츠의 스릴, 몰입 상태, 오르가슴(무엇이든 사람들이 도달하고자 애쓰는 상태) 등을 쫓는 사람들은 머릿속을 지워 버리려고 노력하는 사람들이다. 그들은 머릿속 목소리, 즉 지나치게 발달한 자의식에서 벗어나려고 노력하고 있다.

나는 나이가 들어가면서 내 자의식도 함께 발전하고 강화되는 것을 원하지 않는다. 나는 오히려 내 자의식이 더 약해지고 더 조용해져서, 매일 현실에 더 충실하고 자연과 세상을 있는 그대로 받아들이고 어린아이처럼 감사할 수 있기를 바란다.[4]

가장 먼저 깨달아야 할 것은 우리가 자신의 정신 상태를 관찰할 수 있다는 사실이다. 명상을 한다고 해서 우리의 내면 상태를 통제할 수 있는 초능력이 갑자기 생기는 것은 아니다. 명상의 장점은 우리 마음이 얼마나 통제 불능인지를 인식하는 것이다. 우리 마음은 마치 원숭이가 배설물을 집어 던지고, 온 방 안을 뛰어다니며 소란을 피우고, 소리를 지르고, 물건을 부수는 것과 비슷하다. 완전히 통제할 수 없다. 통제 불능한 미친 사람 같다.

우리는 이 미친 생물체가 날뛰는 것을 보고 나서야 비로소 마음에 대해 혐오감을 느끼고 마음으로부터 자신을 분리한다. 여기에서 분리는 해방이다. "오, 나는 저런 사람이 되고 싶지 않아. 나는 왜 그렇게 통제할 수 없는 존재일까?"라고 깨닫는다. 이를 자각하는 것만으로도 우리는 평정을 되찾는다.[4]

> 통찰 명상을 하면 우리 두뇌를 디버그 모드(Debug mode)로 실행해 우리가 더 큰 프로그램의 일부분일 뿐이라는 사실을 깨달을 수 있다.

나는 내면의 독백에 주목하려고 노력한다. 물론 늘 잘 되는 것은 아니다. 컴퓨터 프로그래밍 용어로 표현하자면, 나는 가능한 한 내 두뇌를 '디버깅 모드'(Debugging mode, 오류 수정 모드)로 실행하려고 노력한다. 누군가와 대화할 때나 단체 활동을 할 때는 뇌가 처리할 일이 너무 많아서 디버깅 모드를 실행하는 것은 거의 불가능하다.

그러나 오늘 아침처럼 혼자 있을 때는 양치질을 하면서 팟캐스트에 대해 생각하기 시작한다. 셰인 작가가 내게 많은 질문을 던지고 내가 그 질문에 대답하는 소박한 공상을 하기 시작했다. 그러다가 제정신을 차리고 내 두뇌를 디버그 모드로 놓은 다음 모든 작은 명령이 진행되는 것을 지켜보았다.

"내가 왜 미래를 계획하는 이런 상상에 빠지는 걸까? 왜 가만히 서서 양치질에 집중하지 못하는 거지?" 내 두뇌가 미래로 빠르게 이동해 자아에서 벗어나 어떤 환상적인 시나리오를 계획하고 있음을 인식한 것이다. 마치 "내가 정말로 창피당한들 무슨 상관이야? 누가 알아주기나 하겠어? 어차피 언젠가는 죽을 텐데. 이 모든 것은 아무 쓸모가 없게 될 것이고, 나는 아무것도 기억하지 못할 거야. 이 모든 게 무의미해지는 거지."라고 생각하는 것 같았다.

그러고는 욕실 문을 닫고 다시 양치질을 시작했다. 그리고 칫솔이 얼마나 좋은지, 양치질하는 느낌이 얼마나 좋은지에 집중했다. 그러다가 다음 순간 또 다른 생각에 빠진다. 다시 내 뇌에게 말해주어야 한다. "내가 이 문제를 꼭 지금 당장 해결해야 하니?"

내 두뇌가 미래로 이동해서 하려고 하는 일의 95%는 그 순간에 처리할 필요가 없는 일이다. 뇌가 근육이라면 쉬면서 평화롭게 지내는 편이 더 나을 것이다. 특별한 문제가 생기면 그때 가서 그 문제에 몰입해도 될 테니까 말이다. 지금 우리가 이야기하고 있는 동안에도 나는 "아, 내가 양치질을 제대로 하기는 했나?"라는 생각을 하기보다는 이 대화에 완전히 몰입해 100% 집중하고 싶다.

나발 라비칸트의 부와 행복의 원칙

한 가지에만 집중하는 능력은 자신에게 집중하고 현재에 충실하며 (아이러니하게도) 더 효과적으로 되는 능력과 관련이 있다.[4]

그것은 마치 당신이 자신의 마음에 있음에도 특정한 틀에서 벗어나 다른 관점에서 사물을 보고 있는 것처럼 보입니다.

불교에서는 자각과 자아에 관해 이야기한다. 어떻게 하면 뇌, 즉 당신의 의식을 다층적인 메커니즘으로 생각할 수 있는지에 대해 말하는 것이다. 마치 컴퓨터의 핵심 부분을 차지하는 커널 레벨 운영체제(핵심이 되는 컴퓨터 프로그램으로 시스템의 모든 것을 완벽하게 제어하는 기능을 한다)가 실행되고 있는데 응용 프로그램까지 실행되고 있다.

실제로 나는 나만의 운영체제로 돌아가고 있다. 나의 인식 수준은 늘 차분하고, 평화롭고, 대개는 행복하고 만족스럽다. 나는 걱정하고 두려워하며 불안해하는 원숭이 마음을 깨우지 않고 늘 자각 모드에 머물려고 노력한다. 자각 모드를 유지하면 놀라운 목적을 달성할 수 있어서, 필요할 때까지는 원숭이 마음을 깨우지 않으려고 노력한다. 원숭이 마음을 연중무휴 24시간 가동하면 에너지를 낭비할 뿐만 아니라 나 자신이 원숭이 마음이 되어 버리기 때문이다. 나는 원숭이 마음보다는 훨씬 차원 높은 존재다.

덧붙이는 말: 영성, 종교, 불교, 그 외 당신이 따르는 모든 것은 시간이 지남에 따라 당신이 단순히 생각하는 이상의 존재임을 가르쳐줄 것이다.

당신은 단순한 습관 그 이상의 존재다. 당신은 단지 당신이 선호하는 것 이상의 존재다. 현대인은 우리 몸이나 인식 안에 사는 것만으로는 만족하지 못한다. 우리는 머릿속 독백 안에 너무 오래 살고 있다. 그러나 모든 독백은 당신이 어렸을 때 사회와 환경에 의해 프로그램된 것일 뿐이다.

당신은 어떻게 보면, 어렸을 때 환경 영향에 반응한 유전자 덩어리라고 할 수 있다. 당신은 좋은 경험과 나쁜 경험을 모두 기록해 놓고 그 경험들을 근거로 당신에게 불리한 것들을 미리 판단해 버린다. 그러고는 그것을 바탕으로 미래를 예측하고 바꾸려고 끊임없이 노력한다.

나이가 들수록 당신이 쌓아온 선호도의 총합은 매우 커진다. 이런 습관적인 반응이 결국 당신의 기분을 통제하는 폭주 화물열차가 되는 것이다. 우리는 자신의 기분을 조절할 수 있어야 한다. 기분을 조절하는 방법을 연구해 보는 건 어떨까? 당신이 "지금 나는 호기심이 높은 상태에 있고 싶다."라고 말하고 나서 실제로 호기심 높은 상태가 될 수 있다면 얼마나 멋진 일일까? 또는 "나는 지금 애도의 상태에 있고 싶다. 나는 지금 사랑하는 사람을 애도하고 있으며 그를 위해 온전히 슬퍼하고 싶다. 내일 마감해야 하는 컴퓨터 프로그래밍 과제로 주의를 빼앗기고 싶지 않다."라고 말하고 실제로 애도의 상태로 들어갈 수 있다면?

마음은 근육과도 같다. 훈련되고 조절될 수 있다는 말이다. 그런데 이 마음이 우리의 통제를 벗어나도록 사회가 제멋대로 훈련시킨 것이다. 그러므로 자각과 의도를 가지고 당신의 마음을 바라본다면(매일 매 순간 이를 위해 노력해야 한다), 당신은 자신의 마음, 감정, 생각, 반응을 원래 상태로 되돌릴 수 있을 것이다. 그런 다음 재구성할

수 있다. 당신이 원하는 대로 프로그램을 다시 작성할 수 있다.[4]

> 명상은 바깥 사회에 귀를 막고 자신의 말에만 귀를 기울이는 것이다.
> 명상은 외부 의도 없이 오직 명상 그 자체를 위해 수행할 때만 '효과'
> 가 있다.
> 장거리 도보 여행은 걷기 명상이다.
> 일기 쓰기는 글쓰기 명상이다.
> 기도는 감사 명상이다.
> 샤워도 부수적인 명상이 될 수 있다.
> 조용히 앉아 있는 것은 직접적인 명상이다.

좋은 습관을 길러라

> 가장 큰 초능력은 자신을 변화시키는 능력이다.

인생에서 당신이 저지른 가장 큰 실수는 무엇이며, 어떻게 회복했나요?

나는 똑같은 종류의 실수를 자주 저질렀다. 자신에게 다음과 같은 질문을 하는 연습을 하면 뒤늦게나마 자신의 실수가 무엇인지 분명히 알 수 있다.

"당신이 서른 살이 되었을 때, 스무 살의 자신에게 어떤 조언을 해주고 싶은가? 마흔이 되면 서른 살의 자신에게 어떤 조언을 하겠는가?"(당신이 아직 젊다면 5년마다 이 질문을 할 수 있다.) 앉아서 이렇게 말해 보라.

"그래, 2007년에 내가 뭘 하고 있었지? 그때 내 기분은 어땠지? 2008년에는 무엇을 하고 있었지? 그때 기분은? 2009년에는 무엇을 하고 있었지? 그때 기분은?"

인생은 흘러가는 대로 흘러가게 되어 있다. 좋은 일도 있고 나쁜 일도 있을 것이다. 그러나 좋은 일이냐 나쁜 일이냐는 실제로 당신의 해석에 달렸다. 당신은 태어나서 일련의 감각적 경험을 하다가 어느 시점에서 죽음을 맞는다. 그런 감각적 경험들을 어떻게 해석할지 선택하는 것은 전적으로 당신에게 달려 있다. 사람마다 이 경험들을 제각각 다양한 방식으로 해석한다.

사실, 나는 지금 똑같은 일을 경험한다면 그 당시보다 감정과 분노가 덜했으면 좋을 거라는 생각을 한다. 내가 너무 젊었을 때부터 회사를 시작하면서 일어난 일들이 가장 좋은 예가 될 것이다. 회사는 잘 나갔지만, 나는 제대로 처신하지 못한 경우가 많았다.

나는 업무상 관련된 사람들 몇 명을 고소한 적이 있다. 결말도 좋았고 일도 내가 원하는 대로 잘 풀렸다. 하지만 그 과정에서 불안에 시달리기도 했고 화를 많이 내기도 했다. 오늘 그런 일을 다시 겪는다면 고소도 하지 않을 것이고 불안과 분노도 없을 것이다. 대신 그 사람들에게 다가가서 말했을 것이다.

"이봐요. 지금 어떤 일이 일어났는지 보세요. 나는 이러이러한 일을 하려고 했다고요. 그래야 공평한 것이지요. 하지만 지금은 공평하지 않습니다."

지금이라면 나는 화를 내고 감정을 크게 앞세우는 것이 아주 불필요한 일임을 깨달았을 것이다. 이제 나는 옳다고 생각하는 일을 장기적인 관점에서 화를 내지 않고 차분하게 해 나가려고 노력하고 있다. 장기적인 관점에서 상황을 보고 그 일에 감정을 개입시키지 않으면 더이상 그런 실수는 하지 않을 것이다.[4]

다시 말하지만, 우리는 모든 일에 습관을 지녔다. 우리는 어렸을 때부터 습관을 훈련받아 왔다. 배변 훈련, 울어야 할 때와 하지 말아야 할 때, 웃는 방법, 웃지 말아야 할 때 등등. 이런 것들이 모두 습관이 된다.

나이가 들면 우리는 무의식적으로 끊임없이 움직이는 수천 가지 습관의 집합체가 된다. 다만 우리 두뇌의 신피질에 새로운 문제를 해결하기 위한 약간의 능력이 추가될 뿐이다. 당신의 습관이 곧 당신 자신이다.

내 운동 트레이너가 내게 매일 해야 할 운동 일과를 알려 주었을 때도 분명하게 드러났다. 나는 전에는 매일 운동한 적이 전혀 없던 사람이다. 트레이너가 가르쳐 준 운동이 가벼운 운동이어서 몸이 힘들지는 않았지만 매일 이 운동을 해야 했다. 그런데 이 습관이 육체적으로나 정신적으로 내게 놀라운 변화를 가져다주었음을 깨달았다.

> 마음의 평안을 얻으려면 먼저 몸의 평안이 있어야 한다.

이를 통해 나는 습관의 힘을 깨달았다. 그래서 나는 새로운 좋은 습관은 기르고 과거의 나쁜 습관은 버리려고 노력한다. 물론 시간이 걸린다.

누군가가 "나는 멋진 몸매를 갖고 싶어. 또 건강해지고 싶어. 그런데 지금 내 몸매는 형편없어, 너무 뚱뚱해."라고 말한다면 어떤 운동도 3개월 안에는 효과가 생기지 않는다는 것을 말해 주고 싶다. 적어도 10년은 걸릴 여행으로 생각해야 한다. 다만 6개월이면 (얼마나 빨리할 수 있는지에 따라) 나쁜 습관을 버리고 좋은 습관을 갖게 될 수 있다.[6]

크리슈나무르티도 "내면의 혁신 상태에 있어야 한다"라고 말한다. 완전한 변화에 대해 내부적으로 늘 준비되어 있어야 한다는 것이다. 우리는 뭔가 새로운 것을 하려고 할 때나 새로운 습관을 형성하려고 할 때마다 지레 겁을 먹고 망설인다. 이는 우리 자신에게 "시간을 좀 더 가져야겠어."라고 말하고 있다. 하지만 우리의 감정이 우리에게 무언가 하기를 원할 때, 우리는 바로 그 일을 해야 한다. 예쁜 여성에게 다가가고 싶거나, 술 한잔 하고 싶거나, 뭔가 정말로 하고 싶은 게 있으면 망설이지 말고 가서 실행하라.

당신이 "나는 이것을 할 거야"라거나 "나는 저 사람처럼 될 거야"라고 말만 하고 있다면, 실제로는 그것을 미루는 것이다. 빠져나갈 구실만 찾고 있다. 당신이 적어도 자기 인식을 하고 있다면 생각할 것이다. "나는 지금 이 일을 하고 싶다고 말하면서도 실제로는 하고 싶지 않은 거야. 내가 정말 하고 싶다면 그냥 하면 되지."

한 가지 방법은 공개적으로 사람들에게 약속하는 것이다. 예를 들어, 당신이 담배를 끊고 싶다면, 당신이 아는 모든 사람에게

"나 담배 끊었어. 다시 피우지 않을 거야. 약속할게."라고 말하라.

가서 해 보라. 쉽지 않은가? 하지만 사람들 대부분은 아직 준비가 안 됐다고 말한다. 우리는 공개적으로 무엇을 약속하고 싶어 하지 않는다. 하지만 자신에게 솔직해지는 것이 중요하다. "맞아. 나는 아직 담배를 끊을 준비가 되지 않았어. 담배가 너무 좋아서 포기하기엔 너무 힘들 것 같아."

하지만 이 말 대신 다음과 같이 말해 보라. "나 자신을 위해 좀 더 합리적인 목표를 세워야지. 흡연량을 ~만큼 줄일 거야. 그 정도는 공개적으로 약속할 수 있어. 그렇게 3~6개월 동안 계속 노력해 볼 거야. 이 목표를 달성하면 다음 단계로 가야지. 어떤 경우든 자책하지 말자."

정말로 변화하고 싶으면 과감히 변화하라. 그런데 대부분은 실제로 변화를 원하지 않는다. 아직은 변화의 고통을 겪고 싶어 하지 않는다. 우리는 적어도 우리의 그런 마음을 깨닫고 인식하고, 작은 것이라도 실제로 할 수 있는 변화를 시도해야 한다.[6]

> 행동은 서두르되 결과에 대해서는 인내심을 가져라.

당신이 해야 할 일이라고 생각하면 바로 실행하라. 왜 기다리는가? 우리는 시간을 되돌릴 수 없다. 우리의 삶은 점점 사라지고 있다. 그저 왔다 갔다 하면서 삶을 보내고 싶지는 않을 것이다. 우리의 사명이라고 할 수 없는 일을 하면서 삶을 보내고 싶지도 않을 것이다.

일단 그 일을 하게 되면 가능한 한 빨리, 온전히 집중해서 하고 싶을 것이다. 하지만 복잡한 시스템과 많은 사람을 상대해야 하므로 결과에 대해 인내심을 가져야 한다.

시장이 제품을 채택하는 데는 오랜 시간이 걸린다. 사람들이 서로 편안하게 일하기까지는 시간이 걸린다. 좋은 제품을 탄생시키는 데에는 시간이 걸린다. 수없이 갈고 닦는 과정을 거치기 때문이다. 따라서 행동은 서두르되 결과에 대해서는 인내심을 가져야 한다. 니비가 말했듯이 영감은 사라지기 쉽다. 그러므로 영감이 떠오르면 바로 그 자리에서 실행하라.[78]

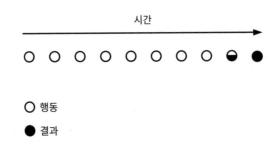

○ 행동
● 결과

자신을 성장시켜라

나는 구체적으로 목표를 세우는 것에 동의하지 않는다. 스콧 애덤스는 "목표가 아니라 시스템을 구축하라"라는 유명한 말을 남겼다. 판단력을 발휘해 당신이 어떤 종류의 환경에서 성공할 수 있는지 파악한 다음 통계적으로 성공할 가능성이 커지도록 주변 환경을 조성하라.

> 현재의 환경은 뇌를 프로그램하지만, 영리한 뇌는 미래의 환경을 선택할 수 있다.

나는 지구상에서 가장 성공한 사람이 될 수도 없고 그렇게 되고 싶지도 않다. 나는 가능한 한 최소한의 노력으로 일하면서 가장 성공적인 나 자신이 되고 싶다. 인생을 사는 동안 1,000번 도전해서 999번 성공하는 방식으로 살고 싶다. 나는 억만장자는 아니지만 그래도 매번 꽤 잘 해낸다. 나는 모든 면에서 승리하는 삶을 살지는 않았으나 시스템을 구축했기 때문에 실패한 경우는 거의 없다.[4]

내 인생이 인도에서 가난한 아이로 시작했다는 것을 기억하는가? 내가 할 수 있다면 누구나 할 수 있다. 물론 나는 멀쩡한 팔다리와 정신 능력을 갖추었고 교육도 받았다. 하지만 성공하기 위해서는 간과할 수 없는 전제조건이 있다. 당신도 이 책을 읽고 있고나면 아마도 성공에 필요한 기본 조건, 즉 올바로 작동하는 몸과마음을 갖추게 될 것이다.[78]

> 나중에 하고 싶은 일이 있으면 지금 하라. '나중'은 없다.

새로운 주제가 생기면 개인적으로 어떻게 배우나요?

대부분 경우 나는 기본에 충실하다. 물리학이나 과학을 배울 때도 기본을 따르면서 재미로 개념을 읽었다. 나는 미적분보다 연산과 관련된 일을 하고 있으므로 이 시점에서 내가 훌륭한 물리학자가 될 가능성은 거의 없다. 다음 생애에나 내 아이가 물리학자가 될지 모르지만, 지금 나에게는 너무 늦었다. 따라서 나는 내가 지금 즐기는 것을 앞으로도 계속해 나갈 것이다.

나는 과학이란 진리에 관한 연구라고 생각한다. 과학은 반증이 가능한 예측을 하므로 유일하고 참된 학문이라고 할 수 있다. 과학은 또 세상을 실제로 변화시킨다. 특히 응용과학이 기술이 되면서 우리는 이 기술 덕분에 휴대전화, 집, 자동차, 열, 전기 같은 것을 갖게 되었고, 동물과 구분되는 삶을 살게 되었다. 그러므로 나는 과학은 진리에 관한 연구이며, 수학은 과학과 자연의 언어라고 생각한다.

나는 종교적이지는 않아도 영적인 사람이다. 우주의 법칙을 연구하는 것은 내가 할 수 있는 가장 헌신적인 일이다. 나는 과학을 공부할 때, 이슬람의 성지인 메카나 메디나에서 사람들이 절할 때 느끼는 경외감과 자의식 같은 것을 느낀다. 이 느낌은 그 어떤 느낌과도 비교할 수 없어서 나는 가급적 기본에 충실해지려고 한다. 그리고 사실, 이것이 독서의 묘미이기도 하다.[4]

"다른 사람이 읽고 있는 것을 읽으면 그들이 생각하는 것도 생각할 수 있다."라는 말에 동의하나요?

요즘 사람들이 읽는 책들은 대개 사회적으로 인정받기 위해 만들

어진 책 같다.[4]

진화론에 대해서도 사람들은 다윈의 책을 따라 쓴 책은 100권 이상 읽으면서도 정작 다윈의 책은 읽지 않는다. 세상에 수많은 거시경제학자가 있지만, 대부분 경제학에 관한 논문들을 수없이 읽었어도 정작 애덤 스미스는 제대로 읽지 않았을 것이다.

당신도 어떤 면에서 보면 사회적으로 인정받기 위해 책을 읽고 있지는 않은가? 그저 다른 원숭이들과 그럴듯하게 어울리기 위해서 말이다. 그렇다면 다른 사람들에게 뒤떨어지지 않기 위해서 애쓰고 있는 것과 같다. 하지만 그렇게 해서는 인생의 참뜻을 깨닫지 못한다. 원숭이 무리에서 벗어나야만 비로소 인생의 참뜻을 알게 될 것이다.

무리 속에 남아 있으려고 애쓰는 것은 사회적으로 인정받고 싶기 때문이다. 사회적으로 인정받고 싶다면 당신도 다른 사람들이 읽는 책을 읽어야 한다. "아니야. 나는 내가 원하는 것을 읽을 거야. 사회적으로 인정받는 것과 상관없이 내가 흥미롭다고 생각하는 것을 배울 거야."라고 말할 수 있으려면 어느 정도 반골 기질이 있어야 한다.

다른 사람이 읽는 것을 읽는 것이 다른 사람들에게 뒤떨어지지 않으려는 성향 때문이라고 생각하나요? 또 사람들은 남이 가지 않은 길을 가면, 긍정적인 결과를 낳을지 부정적인 결과를 낳을지 확신할 수 없기 때문이라고 생각하는 걸까요?

전적으로 그렇다고 생각한다. 가장 똑똑하고 성공한 사람들이 패배자로 시작하는 것도 바로 그 때문이다. 당신이 자신을 패배자, 즉 사회에서 쫓겨나서 정상적인 역할을 하지 못하는 사람이라는 생각이 든다면, 당신 자신만의 길을 가라. 그러면 승리의 길을 찾을 가능성이 훨씬 더 높아질 것이다. "나는 남들이 가는 길을 가지 않을 거야. 나는 인정받는 길로 가지 않을 거야. 다른 사람들이 가는 길을 가지 않는다고 해서 남들은 나를 패배자라고 부르지만, 나다워지는 것에서 행복을 찾을 거야."라고 말하면 도움이 될 것이다.

> 자기 훈련 없이 자기 발전을 이루려면 자기 이미지를 업데이트하라.

우리는 무언가에 의해 동기를 부여받는다. 하지만 그것도 상황에 따라 다른 것 같다. 웬만한 것으로부터는 동기를 부여받지 못한다고 생각하는 사람들도 비디오 게임을 할 때면 갑자기 동기를 부여받는다. 결국 동기 부여는 상대적이므로 당신이 좋아하는 일을 찾는 것이 중요하다.[1]

> 연마하고, 땀 흘리고. 수고하고, 피나는 심정으로 깊은 시련을 마주하라. 하룻밤 사이에 성공하려면 이 모든 것을 겪어야 한다.

자녀에게 물려주어야 할 원칙 한두 가지를 든다면 어떤 것이 있을까요?

첫 번째는 독서다. 할 수 있는 한 많은 책을 읽어라. 사회가 당신에게 좋다고 말하거나 내가 당신에게 읽으라고 권하는 책뿐만 아니라 독서 그 자체를 위해 읽어라. 독서에 대한 사랑을 키워라. 로맨스 소설이든 문고판이든, 만화책이든 다 좋다. 그냥 가리지 말고 다 읽어 보라. 그러다 보면 언젠가는 읽어야 할 책과 읽고 싶은 책을 스스로 구분하게 된다.

두 번째는 수학과 설득 기술이다. 이 두 기술은 읽기 능력과 관련이 있을 뿐만 아니라 현실 세계를 탐색하는 데에도 도움이 된다. 설득 기술이 중요한 이유는, 동료들에게 영향력을 미칠 수 있다면 많은 일을 이룰 수 있기 때문이다. 나는 설득력은 실전 기술이라고 생각한다. 얼마든지 배울 수 있으며 배우기도 그렇게 어렵지 않다.

수학은 인생의 모든 복잡하고 어려운 일에 도움이 된다. 당신이 돈을 벌고 싶거나 과학을 배우고 싶거나 게임 이론이나 정치, 경제, 투자, 컴퓨터를 이해하고 싶다면, 이 모든 것의 핵심에 수학이 있다. 수학은 자연의 기본 언어다.

자연은 수학으로 말한다. 수학은 자연의 언어를 분해해 모방한 것이지만 우리는 단지 자연의 표면만 긁었을 뿐이다. 좋은 소식은 수학을 많이 알 필요가 없다는 것이다. 기본적인 통계, 산술 등만 알면 된다. 하지만 통계와 확률은 속속들이 알아야 한다.[8]

자신을 자유롭게 하라

가장 어려운 것은 당신이 원하는 일을 하는 것이라기보다는, 당신이 원하는 것이 무엇인지를 아는 것이다.

다 자라서 더이상 자랄 수 없는 사람은 없다는 사실을 명심하라. 우리 모두는 자신의 길을 가면서 자신을 형성해 나갈 뿐이다. 자신이 원하는 대로 고르고 선택하고 때로는 버리면서 자신만의 길을 스스로 찾아 나가야 한다.[71]

당신의 가치관은 어떻게 바뀌었나요?

어린 시절에는 자유를 정말 중요하게 생각했다. 자유가 나의 핵심 가치 중 하나였다. 아이러니하게도 어른이 된 지금도 그렇다. 아마도 자유는 나의 3대 가치 중 하나일 것이다. 하지만 자유에 대한 정의는 달라졌다.

어렸을 때 자유의 정의는 내가 원하는 '~을 할 자유'였다. 내가 원하는 것을 내가 원할 때마다 내가 원하는 대로 할 수 있는 자유. 하지만 지금 내가 추구하는 자유는 내면의 자유다. 그것은 '~로부터의 자유'다. 상대방의 반응으로부터의 자유. 분노로부터의 자유. 슬픔으로부터의 자유. 어떤 일을 하도록 강요당하지 않을 자유. 과거에는 '~을 할 자유'를 찾고 있었다면, 이제는 내부적으로나 외부적으로 '~로부터의 자유'를 추구한다.[4]

어렸을 때의 나에게 주는 조언: "다른 누구도 아닌 바로 너 자신이 되어라."
원하는 일을 바로 실행하지 못하고 망설이면, 잠깐이 아니라 수년 동안 나쁜 관계나 나쁜 일에서 벗어나지 못한다.

기대로부터의 자유

나는 내 효율성을 아예 측정하지 않는다. 나는 내가 나 자신을 측정하는 것을 믿지 않는다. 나는 이것이 자기 훈련, 자기 처벌, 자기 갈등의 한 형태라고 생각한다.[1]

다른 사람이 당신에게 기대하고 있다가 당신이 그 기대에 미치지 못해서 그 사람에게 상처를 준다면 그것은 그 사람의 문제다. 그러나 그런 기대치에 대해 그들이 당신과 합의했다면 그것은 당신의 문제다. 그렇지 않고 그들이 일방적으로 당신에게 기대하고 있었다면 그것은 전적으로 그들의 문제다. 그것은 당신과 아무 관련이 없다. 그들은 당신에게뿐만 아니라 인생에서 많은 기대를 하고 있을 것이다. 그들의 기대는 빨리 깨뜨릴수록 좋다.[1]

> 용기는 기관총 진지에 돌격하는 것이 아니다. 진정한 용기는 다른 사람이 당신을 어떻게 생각하는지 신경 쓰지 않는 것이다.

나를 오랫동안 알아온 사람이라면 내가 매우 참을성이 없고 고집이 센 성격인 것을 잘 알고 있을 것이다. 나는 기다리는 것을 좋아하지 않는다. 또 시간을 낭비하는 것을 매우 싫어한다. 나는 파티, 행사, 만찬에서 무례하게 행동하는 것으로 유명하다. 시간 낭비라는 생각이 드는 순간 즉시 자리를 떠난다.

당신의 시간을 소중히 여겨라. 사실 당신이 가진 것은 시간뿐이다. 시간이 당신의 돈보다, 당신의 친구보다, 그 어떤 것보다 더 중요하다. 시간이야말로 당신이 가진 전부다. 그러니 시간을 낭비하지 마라. 그렇다고 절대 쉬지 말라는 뜻은 아니다. 당신이 원하는 일을 하는 한, 그것은 시간 낭비가 아니다. 하지만 당신이 원하는 일을 하는 것도 아니고, 그렇다고 돈을 많이 버는 것도 아니고, 배우지도 못한다면, 도대체 뭘 하고 있는 거란 말인가?

다른 사람들의 기분을 맞추느라 시간을 낭비하지 마라. 그 사람들의 기분은 그들의 문제이지 당신의 문제가 아니다. 당신이 기분이 좋으면 다른 사람들의 기분도 좋아진다. 당신이 행복하면 다른 사람들이 당신은 어떻게 행복해졌는지 물을 것이고 그들은 배울 수 있다. 그러나 당신이 다른 사람들을 행복하게 만들 책임은 없다.[10]

분노로부터의 자유

분노란 무엇인가? 분노는 당신이 폭력을 행사할 수 있다는 것을 상대방에게 최대한 강력하게 알리는 방법이다. 그러니까 분노는 폭력의 전조라고 할 수 있다.

화가 났을 때의 당신을 관찰해 보라. 분노하면 상황에 대한 통제력을 상실한다. 분노는 상황이 바뀔 때까지 육체적, 정신적, 감정적 혼란 속에 있기로 자신과 맺는 계약이다.[1]

> 분노는 그 자체로 자신에 대한 처벌이다. 분노한 사람은 화가 나서 자신의 머리를 물속으로 처박으려 하지만 그러다가 자신도 물에 빠져 죽을 것이다.

고용으로부터의 자유

자신의 수입 이하로 검소하게 생활하는 사람들은, 생활 방식을 업그레이드하느라 바쁜 사람들이 느끼지 못하는 자유를 누린다.[11]

좋든 나쁘든 자신의 운명을 진정으로 통제할 수 있다면, 다른 사람이 당신에게 무엇을 하라고 지시하는 것을 절대로 허용하지 않을 것이다.[11]

> 자유를 맛보면 실업자가 될 수도 있다.

무질서한 사고로부터의 자유

요즘 내가 기르려고 노력하고 있는 큰 습관은 '원숭이같이 제멋대로 움직이는 마음'을 통제하려는 것이다. 어렸을 때 우리 마음은 거의 백지상태였다. 그래서 주로 현재 상태에 머물러 있을 수 있었다. 그런데 본질적으로 본능을 통해 환경에 반응하며 살다 보니 지금은 우리가 '현실 세계'라고 부르는 세상에 살고 있다. 사춘기는 욕망이 시작되는 시기다. 생애 처음으로 자신이 원하는 것을 하기 시작하면서 장기적인 계획을 세우는 시기다. 사춘기에 당신은 원하는 것을 얻기 위해 많은 생각을 하고 정체성과 자아를 구축하기 시작한다.

거리를 걷다가 만나는 사람 천 명이면 천 명 모두 어느 시점에서든 머릿속에서 계속 자신에게 말을 걸고 있다. 그들은 자신이 보는 모든 것을 끊임없이 판단한다. 어제 일어났던 일을 영화처럼 재생하고 있고, 또 내일 일어날 일을 미리 생각하며 상상의 세계에 살고 있다. 그들은 정작 기본적인 현실에서는 빠져나와 있다. 장기적인 계획을 세울 때라면 이것이 좋을 수도 있다. 문제를 해결해 줄수도 있기 때문이다. 생존과 복제 기계인 우리에게 이것이 좋을지도 모른다.

하지만 나는 실제로는 이것이 우리의 행복에 매우 나쁜 영향을 미친다고 생각한다. 마음은 우리의 주인이 아니라 하인이자 도구이어야 하기 때문이다. 원숭이 같은 마음이 나를 늘 통제하며 조종해서는 안 된다.

나는 통제되지 않은 무질서한 사고의 습관을 깨고 싶다. 하지만 그것은 쉬운 일이 아니다.[4]

> 마음이 바쁘면 주관적인 시간의 흐름이 빨라진다.

자기 인식과 자기 발견에는 끝이 없다. 그것은 당신이 계속해서 더 나아지는 평생의 과정이다. 인생에서 한 가지 정답은 없으며, 당신이 깨달음을 얻은 사람이 아니라면 아무도 인생의 문제를 완전히 해결할 수 없다. 어쩌면 우리 중 누군가는 거기에 도달하는 사람도 있겠지만, 출세 경쟁에서 빠져 있는 나로서는 그럴 가능성이 없다. 그나마 다행인 점은 내가 가끔은 구름을 올려다본다는 것이다.

나는 사람들 대부분이 출세 경쟁에 빠져 있다는 사실을 인식하고 있다는 것만으로도, 내가 도달할 수 있는 한계에 도달했다고 생각

나발 라비칸트의 부와 행복의 원칙

한다.[8]

현대인의 투쟁:
초인직인 의지력을 불러내거나 단식을 하거나 명상을 하거나 운동을
하려고 애쓰는 현대의 고독한 개인들이여……
풍성한 음식, 건전한 텔레비전 프로그램과 영화, 병을 치료하는 의약품
을 정크 푸드, 자극적 뉴스, 무한한 포르노, 끝이 안 나는 게임, 중독성
약물로 무기화하는 과학자와 통계학자들에게 정면으로 맞서라.

철학에 대하여

> 진짜 진실은 이설(異說)에 속한다.
> 진실은 말로 전달될 수 없다.
> 단지 발견되고 속삭이고 책을 통해 읽힐 뿐이다.

삶의 의미

정말 중요한 질문입니다. 인생의 의미와 목적이 무엇인가요?

정말 중요한 질문이기 때문에 세 가지로 답하겠다.

첫째, 우리 삶은 개인적인 것이다. 그러므로 자신만의 의미를 찾아야 한다. 부처가 주는 것이든 내가 주는 것이든 다른 사람이 당신에게 주는 어떤 지혜도 당신 인생의 답이 될 수 없다.

기본적으로 삶의 의미와 목적은 스스로 찾아야 하므로 중요한 것은 답이 아니라 질문이다. 가만히 앉아서 질문을 깊이 파헤쳐 보라. 몇 년 또는 수십 년이 걸릴 수도 있다. 당신이 만족하는 답을 찾으면, 그것이 당신 삶의 기본이 될 것이다.

둘째, 사실 인생에는 어떤 의미도 어떤 목적도 없다. 오쇼는 "인생은 물 위에 글을 쓰는 것과 같고, 모래로 집을 짓는 것과 같다"고 말했다. 진실은 우주 역사가 100억 년이 넘게 흐르는 동안 당신은 죽어 있었다는 사실이다. 앞으로 700억 년 후 우주가 열로 소멸할 때까지도 당신은 죽어 있을 것이다.

인류와 지구가 사라지듯이 당신이 하는 모든 일도 사라질 것이다. 최첨단 과학 기술로 화성을 식민지로 만든 무리마저도 사라질 것이다. 당신이 예술가이든, 시인이든, 정복자이든, 가난한 사람이든, 그 누구든 특정 세대가 지나면 아무도 당신을 기억하지 못할 것이다. 당신의 삶에는 아무런 의미가 없다.

당신 삶의 의미는 당신 자신이 만들어야 하며 당신의 삶은 그것으로 귀결될 것이다. 다음 질문에 대해 생각해 보라:

"내가 즐겨 보는 연극이 있는가?"

"내가 즐겨 추는 자아실현 춤이 있는가?"

"아무 이유 없이 하고 싶은 특별한 일이 있는가?"

이런 것들이 모두 당신이 만들어 낸 당신 삶의 의미다.

우주에는 근본적으로 본질적이고 의도적인 의미가 없다. 만약 그런 의미가 있다면 다음과 같은 질문이 바로 나올 것이다. "도대체 그게 왜 그런 의미라는 거야?" 물리학자 리처드 파인먼이 말했듯이 우주는 '늘 제자리에 있는 거북이'일 것이다. '왜'라는 의문은 계속 쌓일 것이다. 앞으로 또 다른 '왜'가 없을 것이라는 답을 줄 수 없기 때문이다.

나는 사후 세계가 영원하다는 답을 믿지 않는다. 믿을 만한 근거가 전혀 없다. 우리가 이 지구에서 겨우 70년을 사는데 어떻게 사후에 영원 동안 산다는 말인가? 어떤 어리석은 신이 지구상의 짧은 시간을 기준으로 사후에 영원히 산다고 판단한단 말인가?

나는 사후는 우리가 태어나기 전과 아주 비슷하리라 생각한다. 우리가 태어나기 전을 기억할 수 있는가? 사후도 태어나기 전 같을 것이다.

당신이 태어나기 전에는 당신이 사랑하는 사람은 물론 당신 자신, 다른 모든 인간, 우리가 화성에 갈 것인지 지구에서 그대로 살 것인지, AI가 있는지 없는지 등 그 어느 것, 그 어느 사람에 대해서도 관심이 없었다. 당신은 죽은 후에도 그런 것에 여전히 관심이 없을 것이다.

마지막 답변은 좀 더 복잡하다. 나는 과학 분야의 책(내 친구가 이에 관한 책을 썼다)에서 읽은 내용을 바탕으로 몇 가지 이론을 엮어 보았다. 이에 따르면 설령 삶에 의미가 있더라도 그다지 만족스러운 목적은 아니라는 것이다.

기본적으로 물리학에서 시간의 화살은 엔트로피에서 비롯된다. 열역학 제2 법칙에 따르면 엔트로피는 늘 증가한다. 이는 우주의 무질서는 상승하기만 하고, 집중된 자유에너지는 하락하기만 한다는 것을 의미한다. 생명체(인간, 식물, 문명 등)를 살펴보면, 이러한 시스템이 국지적으로 엔트로피를 역전시키는 것을 볼 수 있다. 인간 역시 행동을 하므로 국지적으로 엔트로피를 역전시킨다.

이 과정에서 전 세계적으로 엔트로피가 가속화되면서 우주가 열로 소멸되는 것이다. 여기에서 우리는 우주가 열소멸을 향해 가고 있다는 환상적 이론을 도출해 낼 수 있다(나는 이 이론을 좋아한다). 우주의 소멸에는 집중된 에너지가 없으며 모든 것이 동일한 에너지 수준에 있다. 그러므로 우리는 모두 하나이며, 본질적으로 구별할 수 없는 존재다.

살아있는 시스템으로서 우리가 하는 일이 그 상태에 도달하는 것을 가속하고 있다. 우리가 컴퓨터, 문명, 예술, 수학, 가족 번영 등을 통해 더 복잡한 시스템을 만들수록 우주의 열소멸은 점점 가속화될 것이다. 당신은 우리가 하나가 되는 지점을 향해 우리를 계속 밀어붙이고 있는 셈이다.[4]

가치관에 따라 살아라

당신의 핵심 가치는 무엇인가요?

내 핵심 가치가 무엇인지 일일이 열거한 적은 없지만 몇 가지 예를 들자면 다음과 같다:

정직은 핵심 중의 핵심 가치다. 솔직히 말해서 나는 단지 나 자신이 되기를 원할 뿐이다. 그런데 내가 스스로 말하기를 조심해야 할 환경이나 사람들이 있다. 그런 환경이나 사람들 주변에는 있고 싶지 않다. 내가 생각하는 것과 내가 말하는 것을 서로 분리한다면 내 마음속에는 여러 실타래가 만들어질 것이다. 내가 더이상 현재의 순간에 있지 않기 때문이다. 그러면 누군가와 대화할 때마다 미래를 계획하거나 과거를 후회해야 한다. 함께 있으면 내가 완전히 솔직해질 수 없는 사람들이 있다. 그런 사람들 주변에는 있고 싶지 않다.

> 다른 사람에게 거짓말을 하려면 먼저 자신에게 거짓말을 하게 되어 있다.

나의 또 다른 기본적 가치관은 단기적인 생각이나 거래를 믿지 않는다는 것이다. 내가 누군가와 사업을 하고 있는데 그 사람이 단지 단기적인 수익 관점으로만 생각한다면 나는 더이상 그 사람과 거래하고 싶지 않다. 돈, 인간관계, 사랑, 건강, 활동, 습관 등 삶의 모든 이익은 복리에서 나온다. 나는 남은 생애 동안 평생 나와 함께 할 것이라는 생각이 드는 사람들과만 함께 있고 싶다. 그래서 장기적으로 수익을 낼 수 있다고 여겨지는 일만 하고 싶다.

거래와 관련된 또 하나의 가치는 나는 대등한 동료 관계만을 믿는다는 것이다. 나는 수직적 계층적 관계를 믿지 않는다. 나는 누구 위에도 있고 싶지도 않고 누구 아래에도 있고 싶지도 않다. 내가 누군가를 동료처럼 대할 수 없고 그 사람도 나를 동료처럼 대할 수 없다면 나는 그 사람과 교류하고 싶지 않을 것이다.

한 가지 더 덧붙이자면 나는 더이상 분노를 믿지 않는다. 어렸을 때는 걸핏하면 분노를 표출했고 테스토스테론이 넘쳐났지만 지금은 "분노는 다른 사람에게 던지려고 손에 뜨거운 석탄을 쥐고 있는 것과 같다."라는 불교의 가르침을 좋아한다. 나 스스로 화를 내고 싶지도 않고 화를 잘 내는 사람들과도 어울리고 싶지도 않다. 내

나발 라비칸트의 부와 행복의 원칙

인생에서 그런 사람들을 모두 배제했지만 그렇다고 해서 그들을 판단하지는 않는다. 나 역시 화를 많이 냈던 사람이기 때문이다. 그들은 스스로 자신의 문제를 해결해야 한다. 화를 내려거든 다른 곳으로 가서 다른 사람에게 화를 내시라.

이런 것들이 반드시 고전적인 가치관의 정의에 속하는지는 모르겠지만, 어쨌든 이런 것들이 내가 타협하지 않고 평생토록 지키며 살아가는 가치관들이다.[4]

나는 모든 사람에게 가치관이 있다고 생각한다. 좋은 관계, 좋은 동료, 좋은 연인, 아내, 남편을 찾는 것은 당신의 가치관과 일치하는 다른 사람들을 찾는 일이다. 서로의 가치관이 일치하면 작은 것들은 그리 중요하지 않다. 사람들이 어떤 일로 싸우거나 다투는 것은 대개는 가치관이 맞지 않기 때문이라고 생각한다. 가치관이 서로 일치하면 작은 일로 싸우는 일은 없을 것이다.[4]

내 아내를 만난 것은 정말 큰 시험이었다. 나는 정말로 그녀와 함께 있고 싶었는데 처음에는 그녀가 나에 대해 확신하지 못했기 때문이다. 결국 그녀가 내 가치관을 알게 되면서 서로 사귈 수 있게 되었는데, 그때까지 내가 가치관을 확립해 놓은 것이 정말이지 행운이었다. 그렇지 않았다면 그녀의 상대가 될 자격도 없었을 뿐 아니라 그녀를 얻지도 못했을 것이다. 투자자 찰리 멍거는 말했다. "가치 있는 배우자를 만나려면 가치 있는 배우자에게 합당한 사람이 되어라."[4]

내 아내는 믿을 수 없을 정도로 사랑스럽고 가족 중심적인 사람이다. 물론 나도 가족을 중요하게 생각한다. 그것이 우리를 하나로

묶어 주는 기본 가치 중 하나였다.

　정말 이해할 수 없는 일이긴 하지만, 자녀를 갖게 되는 순간 우리는 삶의 의미, 삶의 목적이 무엇이냐 같은 질문에 답하게 된다. 갑자기 우주에서 가장 중요한 것이 당신의 몸에서 자녀의 몸으로 이동한다. 그리고 그것이 당신을 변화시킨다. 그때부터 당신의 가치관은 본질적으로 훨씬 덜 이기적으로 된다.[4]

합리적 불교

> 질문이 오래된 것일수록 답변도 오래된 것이다.

당신은 합리적 불교가 당신의 철학이라고 말했습니다. 합리적 불교는 전통 불교와 어떻게 다른가요? 합리적 불교를 수용하기 위해 어떤 종류의 탐험을 하셨나요?

　'합리적'이란 말은 과학과 진화를 조화시켜야 한다는 것을 의미한다. 나는 내가 직접 검증할 수 없는 부분은 모두 거부하는 편이다. 예를 들어, "명상이 당신에게 좋은가?"라고 묻는다면 내 대답은 "그렇다"다. "마음을 비우면 좋은가?" "그렇다." "변덕스러운 원숭이 마음이 일어나는 것은 인식이 바닥 수준이기 때문인가?" "그렇다." 이 질문들은 모두 내가 직접 확인한 것들이다.

　내가 믿고 따르는 불교의 믿음은 내가 직접 사고 실험을 통해 확인했거나 추론한 것들이다. 불교의 교리 중에 내가 받아들이지 않는 것은 "업보를 갚아야 할 전생이 있다." 같은 것들이다. 나는 전생을 보지 못했다. 따라서 전생을 기억하지 못한다. 어떤 기억도 없다. 그래서 그런 것은 믿지 않는다.

또 제3 차크라가 열린다(Third chakra, 복부 주변, 배꼽 위 흉곽 아래 부위로 개인의 힘, 자신감, 의지력, 동기부여를 강화할 수 있다는 명상 수련)고 말하는 것 등도 믿지 않는다. 사실 나는 이런 것에 관해서는 잘 모른다. 그런 것이 단지 멋진 명명법일 뿐이라고 생각한다. 검증하거나 확인할 수 없었다. 과학으로 풀이할 수 없다면, 사실일 수도 거짓일 수도 있지만 반증할 수 없으므로 근본적인 진실로 볼 수 없다.

반면 나는 진화가 사실임을 알고 있다. 나는 우리가 생존과 복제 기계로 진화했다는 것을 알고 있다. 또 우리 안에 자아가 있다는 것도 알고 있다. 인간은 네발로 기어다니다가 진화를 통해 두 발로 일어서서 활동하게 되면서 벌레가 우리를 잡아먹지 못하게 되었다. 나에게 있어 합리적 불교란, 자신을 더 행복하게 만들고, 더 나은 삶을 누리고, 보다 현재에 머물고, 감정을 통제하기 위한, 즉 더 나은 인간이 되도록 하기 위한 우리의 내면적 노력이라고 이해한다는 것을 의미한다.

나는 책에 쓰여 있다고 해서 허무맹랑한 것에 동의하지 않는다. 예를 들어 내가 공중 부양을 할 수 있으리라 생각하지 않는다. 또 명상이 내게 초능력 같은 것을 주리라고 생각하지도 않는다. 모든 것을 직접 시도해 보고, 일단 의문을 품어 본 다음 유용한 것은 유지하고, 그렇지 않은 것은 폐기하라.

이것이 결국 내 철학이라고 할 수 있다. 그러니까 내 철학의 한

편에는 인간에 대해 많은 것을 설명해 주는, 그러므로 구속력 있는 원리로서의 진화가 있고, 다른 한편에는 우리 각자의 내부 상태에 관해 가장 오랜 세월에 걸쳐 검증된 영적 철학인 불교가 있다.

나는 이 두 가지가 전적으로 조화를 이룰 수 있다고 생각한다. 실제로 나는 언젠가는 진정한 불교인들, 특히 허황한 내용을 믿는 사람이 아니라 가상 현실 시뮬레이션을 직접 경험한 불교인들을 어떻게 구분할 수 있는지에 대한 블로그 게시물을 작성하고 싶다.[4]

> 인간은 순수하게 태어났지만 어른이 되어 모두 부패했다. 지혜란 지식을 통해 악을 버리고 덕으로 돌아가는 것이다.

지혜를 어떻게 정의하시나요?

당신의 행동이 가져올 장기적인 결과를 이해하는 것이다.[11]

> 지혜가 말로만 전해질 수 있는 것이라면, 우리는 여기서 모두 끝나는 존재에 불과할 것이다.

우리가 소유할 수 있는 것은 현재뿐이다

사실 지금 이 순간 외에 당신이 있을 곳은 아무 데도 없다. 누구도 시간을 거슬러 과거로 간 적이 없으며, 누구도 의미 있는 방식으로 미래를 성공적으로 예측할 수 없다. 말 그대로, 존재하는 유일한 것은 바로 지금 이 시간에 당신이 우주의 이곳에 존재한다는

나발 라비칸트의 부와 행복의 원칙

것뿐이다.

모든 위대하고 심오한 진리가 그렇듯이 그 모든 것은 역설이다. 임의 두 점은 완전히 다르다. 모든 순간은 완벽하게 독특하며, 너무 빨리 지나가서 붙잡을 수 없다.[4]

당신은 매 순간 죽었다가 다시 태어나는 것이다. 그 순간을 잊을 것인지 기억할 것인지는 당신에게 달려 있다.[2]

> "모든 것이 아름다운 이유는 우리가 언젠가는 죽을 운명이기 때문이다. 당신은 지금보다 더 사랑스러울 수 없을 것이며, 우리는 다시는 지금으로 돌아올 수 없을 것이다."
> —호머, 『일리아드』

심지어 2분 전에 내가 무슨 말을 했는지도 기억나지 않는다. 과거는 기껏해야 내 머릿속에 있는 허구적인 작은 기억 테이프일 뿐이다. 내 과거는 죽었다. 이제 사라지고 없다. 죽음이 의미하는 바는 더이상 미래의 순간이 없다는 것이다.[2]

> 영감은 사라지기 쉽다. 그러니 즉시 실행에 옮겨라.

영감은 사라지기 쉽다. 그러니 즉시 실행에 옮겨라.당신의 위치를 나타내주는 것에 불과하다.

기술이 가져온 민주화 덕분에
누구나 창업가, 기업가, 과학자가
될 수 있게 되었다.
우리의 미래는 더 밝을 것이다.

부록

▌나발이 추천하는 읽을거리

> 사실 나는 자기계발서 같은 책들은 읽지 않는다. 나는 단지 호기심
> 과 흥미로 책을 읽을 뿐이다. 가장 좋은 책은 당신이 열렬하게 읽을
> 수 있는 책이다.

도서

(Navalmanack.com에 들어가면 이 장의 디지털 버전을 볼 수 있다.)

> 독서를 많이 하면 당신도 전문가가 된다. 그러면 자연스럽게 이론,
> 개념, 논픽션에 더 끌리게 될 것이다.

논픽션

『**진리는 바뀔 수도 있습니다**』(The Beginning of Infinity: Explanations That Transform the World, RHK, 2022), 데이비드 도이치David Deutsch

쉬운 책은 아니지만 나를 더 똑똑하게 만들어 주었다.[79]

『**사피엔스: 유인원에서 사이보그까지, 인간 역사의 대담하고 위대한 질문**』(Sapiens: A Brief History of Humankind, 김영사, 2015), 유발 하라리Yuval Noah Harari

인간 종(種)의 역사. 저자의 관찰력, 세상을 보는 틀, 정신 모델은 인류의 역사와 당신의 동료인 인간을 다르게 보게 해 줄 것이다.[1]

이 책은 내가 지난 10년 동안 읽은 책 중 최고의 책이다. 저자가 이 책을 쓰는 데 수십 년이 걸렸다. 모든 페이지마다 훌륭한 아이디어로 가득 차 있다.[1]

『이성적 낙관주의자: 번영은 어떻게 진화하는가』(The Rational Optimist: How Prosperity Evolves, 김영사, 2010), 매트 리들리Matt Ridley

최근 몇 년 동안 읽은 책 중 가장 훌륭한 깨달음을 주는 책이다. 내가 읽은 책 상위 20권 중 매트 리들리의 책이 네 권이나 된다.[11]

그가 쓴 다른 모든 책도 훌륭하다. 매트 리들리는 과학자이자 낙관주의자이자 진보적 사상가로 내가 아주 좋아하는 작가 중 한 명이다. 나는 그가 쓴 책은 모두 여러 번 되풀이해 읽었다.[4]

→ **『게놈: 23 장에 담긴 인간의 자서전』**(Genome: The Autobiography of a Species in 23 Chapters, 김영사, 2001)

→ **『붉은 여왕: 인간의 성과 진화에 담긴 비밀』**(The Red Queen: Sex and the Evolution of Human Nature, 김영사, 2002)

→ **『이타적 유전자』**(The Origins of Virtue: Human Instincts and the Evolution of Cooperation, 사이언스북스, 2001)

→ **『모든 것은 진화한다: 새로운 아이디어는 어떻게 나타나는가』**(The Evolution of Everything: How New Ideas Emerge)

『스킨 인 더 게임』(Skin in the Game, 비즈니스북스, 2019), 나심 탈레브Nassim Taleb

훌륭한 아이디어, 멘탈 모델, 마음속 생각들이 많이 들어 있다.

나심 자신만의 고집스러운 내용이 보이기도 하지만 그것마저도 훌륭하다. 그러므로 그런 내용은 그냥 지나쳐 읽으면서 개념만 배우도록 하라. 내가 읽은 최고의 비즈니스 책 중 하나다. 다행스럽게도 이 책은 비즈니스 북을 자처하지 않는다.[10]

『프로크루스테스의 침대: 철학적이고 실용적인 금언』(The Bed of Procrustes: Philosophical and Practical Aphorisms), 나심 탈레브

이 책은 나심 탈레브의 고대 지혜 모음집이다. 그의 또 다른 유명한 책 『블랙 스완: 위험 가득한 세상에서 안전하게 살아남기』(Black Swan: The Impact of the Highly Improbable, 동녘사이언스, 2018), 『안티프래질: 불확실성과 충격을 성장으로 이끄는 힘』(Antifragile: Things That Gain from Disorder, 와이즈베리, 2013), 『행운에 속지 마라: 기대하지 마라, 예측하지 마라』(Fooled by Randomness: The Hidden Role of Chance in Life and in the Markets, 중앙북스, 2010) 등도 모두 읽을 가치가 있다.[7]

『여섯 가지 물리 이야기』(Six Easy Pieces Explained by Its Most Brilliant Teacher, 승산, 2003), 리처드 파인먼Richard Feynman

나는 내 아이들에게 이 책과 함께 『파인먼의 또 다른 물리 이야기』(Six Not-So-Easy Pieces: Einstein's Relativity, Symmetry, and SpaceTime. 승산, 2003)를 같이 줄 것이다. 리처드 파인먼은 유명한 물리학자다. 나는 물리학에 대한 그의 이해뿐만 아니라 평소 품행도 좋아한다.

또 다른 책 『정상 궤도에서의 완전한 합리적 이탈』(Perfectly Reasonable Deviations from the Beaten Track)과 그의 전기라고 할 수 있는 『천재: 리처드

파인먼의 삶과 과학』(Genius: The Life and Science of Richard Feynman)도 읽었다.[8]

『**친절한 과학 그림책: 간단한 단어로 설명하는 복잡한 것**』(Thing Explainer: Complicated Stuff in Simple Words, 시공사, 2017), 랜들 먼로Randall Munroe

랜들 먼로(과학을 주제로 다루는 웹코믹 xkcd의 작가)의 훌륭한 책이다. 이 책에서 그는 기후 변화에서부터 물리적 시스템, 잠수함에 이르기까지, 매우 복잡한 개념을 가장 일반적인 영어 단어 1,000개만 사용해 쉽게 설명한다. 랜들 먼로는 미국이 유인 달 탐사를 목적으로 개발한 대형 로켓 '새턴 V'를 'Up Goer Five'라고 불렀다. 이 발사 물체를 우주선이나 로켓이라는 어려운 단어를 쓰지 않고 단어 자체로 그 의미가 설명되는 '높이 올라가는 것'(up goer)이라는 명칭을 쓴 것이다. 그러면 아이들은 금방 무슨 뜻인지 이해한다.[4]

『**재미있는 물리 여행**』(Thinking Physics: Understandable Practical Reality, 꿈결, 2017), 루이스 캐럴 엡스타인Lewis Carroll Epstein

훌륭한 물리학책이다. 나는 이 책을 늘 펼쳐 놓고 있다. 이 책의 뒤표지에 실려 있는 '초등학교와 대학원에서 모두 사용될 수 있는 유일한 책'이라는 간단한 문구가 정말 좋다. 사실이다. 열두 살짜리 아이에게도 설명할 수 있고, 스물다섯 살 된 물리학 대학원생에게도 설명할 수 있는 간단한 물리 질문 328개가 수록되어 있다. 그 질문들은 하나같이 물리학에 대한 근본적인 통찰력을 제시해 준다. 까다로운 질문들이지만, 순전한 논리적 추론을 통해 답을 얻을 수 있다.[4]

『**역사의 교훈**』(The Lessons of History, 을유문화사, 2014), 윌 듀런트Will Durant/아리엘 듀런트Ariel Durant

이 책은 역사를 큰 주제별로 예리하게 요약한 훌륭한 책이다. 대부분의 다른 역사책들과는 달리 부피는 작지만, 많은 분야를 다룬다.[7]

『**주체적 개인: 정보화 시대로의 전환 마스터하기**』(The Sovereign Individual: Mastering the Transition to the Information Age), 제임스 데일 데이비슨James Dale Davidson/윌리엄스 리즈모그 Lord William Rees—Mogg

유발 하라리의 『**사피엔스**』를 읽은 이후 최고의 책이다(하지만 훨씬 비주류에 속한다).

『**가난한 찰리의 어록: 찰스 멍거의 재치와 지혜**』(Poor Charlie's Almanack: The Wit and Wisdom of Charles T. Munger)(편집 피터 카우푸먼Peter Kaufman)

이 책은 비즈니스 책으로 분류되지만, 실제로는 투자 지주 회사 '버크셔 헤서웨이'에서 워런 버핏과 함께했던 찰리 멍거가 자신을 극복하고 성공적이고 올바른 삶을 살려는 사람들에게 주는 조언이다.[7] [80]

『**보이는 세상은 실재가 아니다: 존재론적 물리학 여행**』(Reality Is Not What It Seems: The Journey to Quantum Gravity, 쌤앤파커스, 2018), 카를로 로벨리Carlo Rovelli

물리학, 시, 철학, 역사가 매우 접근하기 쉬운 형태로 포장되었다.

『**모든 순간의 물리학**』(Seven Brief Lessons on Physics, 쌤앤파커스, 2016), 카를로 로벨리

나는 이 책을 최소한 두 번은 읽었다.

게임 이론에 대해서는, 전략 게임을 하는 것 외에 J.D. 윌리엄스J.D. Williams의 『**완벽한 전략가: 전략 게임 이론 입문서**』(The Compleat Strategyst: Being a Primer on the Theory of Games of Strategy)와 로버트 액셀로드Robert Axelrod의 『**협력의 진화**』(The Evolution of Cooperation)를 읽어 볼 것을 추천한다.[11]

철학과 영성

제드 맥케나Jed McKenna의 모든 책

제드는 원시적인 진실을 설파한다. 그의 스타일이 불쾌하게 보일 수도 있지만, 진실에 대한 그의 헌신은 누구와도 비교할 수 없다.[79]

『**모든 것의 이론**(계몽적 관점) – **수면 상태 3부작**』

제드 맥케나의 노트

제드 강연 #1 및 #2

의학박사 카필 굽타Kapil Gupta의 모든 책

카필은 최근 나의 개인 조언자이자 코치가 되었는데, 나는 그동안 코치가 필요하다고 생각해 본 적이 없는 사람이었다.[79]

『스승의 은밀한 속삭임: 소음을 싫어하고 인생과 삶에 관한 진리를 찾는 사람들을 위해』(A Master's Secret Whispers: For those who abhor noise and seek The Truth…about life and living)

『솔직한 진실: 삶의 지속적인 질문에 대한 비타협적이고 비규범적인 진실』(Direct Truth: Uncompromising, non-prescriptive Truths to the enduring questions of life)

『아트마문(Atmamun): 히말라야 스와미족의 행복에 이르는 길. 그리고 살아있는 신의 자유』(Atmamun: The Path to achieving the bliss of the Himalayan Swamis. And the freedom of a living God).

『생명의 책』(The Book of Life), 지두 크리슈나무르티Jiddu Krishnamurti

크리슈나무르티는 세상에 많이 알려진 사람은 아니지만, 지난 세기의 전환기에 살았던 인도 철학자로서 내게는 큰 영향을 미쳤다. 그는 타협하지 않는 직설적 표현을 하는 사람으로, 기본적으로 늘 자신의 마음을 살펴보라고 가르친다. 나는 그에게서 큰 영향을 받았다. 아마도 크리슈나무르티의 책 중 최고는 그의 다양한 연설에서 발췌한 내용을 엮어 만든『생명의 책』일 것이다.[6]

나는 내 아이들에게 이 책을 한 권 주면서, 아직 어릴 때는 잘 이해하지 못하겠지만 나이가 좀 더 들어 읽을 수 있을 때까지 보관해 두라고 말해 줄 것이다.[8]

『완전한 자유』(Total Freedom: The Essential Krishnamurti, 청아출판사, 2006), 지두 크리슈나무르티

생각이 더 깨어 있는 사람들에게는 이 책을 추천한다. 인간 정신

의 위험에 대한 합리주의자의 안내서라고 할 수 있는 이 책은 내가 계속 반복해서 읽는 '영성' 서적이다.[1]

『**싯다르타**』(Siddhartha, 민음사, 2002), 헤르만 헤세Herman Hesse

이 책은 철학의 고전으로, 철학을 처음 접하는 사람에게 좋은 입문서다. 나는 다른 어떤 책보다 이 책을 더 많이 나눠 주었다.[1]

> 나는 거의 언제나 크리슈나무르티와 오쇼 둘 중 한 사람의 책을 손에 들고 있다. 이들은 내가 가장 좋아하는 철학자들이다.[4]

[업데이트: 나는 이제 제드 맥케나, 카필 굽타, 바시스타 요가 Vashistha Yoga, 쇼펜하우어를 내가 좋아하는 철학자 목록에 추가고자 한다.]

『**비밀의 책: 내면의 신비를 발견하기 위한 112가지 명상**』(The Book of Secrets: 112 Meditations to Discover the Mystery Within), 오쇼 라즈니쉬

아주 많은 명상 기법이 있지만, 대부분의 명상 기법은 집중의 방법이다. 명상 기법에 대해 자세히 알고 싶다면 오쇼의 『비밀의 책』을 권한다. 오쇼의 최근 평판이 좋지 않다는 건 알지만 과거에는 꽤 현명한 사람이었다. 이 책은 112가지의 다양한 명상을 다룬 오래된 산스크리트어 책을 번역한 것이다. 여기 수록된 여러 가지 명상들을 시도해 보면 당신에게 적합한 명상을 찾을 수 있을 것이다.[74]

『위대한 도전: 내면 세계로의 탐험 여행』(The Great Challenge: Exploring the World Within), 오쇼 라즈니쉬

『사랑으로 가는 길: 앤서니 드 멜로 신부의 마지막 명상들』(The Way to Love: The Last Meditations of Anthony de Mello, 삼인, 2017), 앤서니 드 멜로Anthony de Mello

『상처 받지 않는 영혼: 내면의 자유를 위한 놓아 보내기 연습』(The Untethered Soul: The Journey Beyond Yourself, 라이팅하우스, 2014), 마이클 싱어Michael Singer

『명상록』(Meditations), 마르쿠스 아우렐리우스Marcus Aurelius

이 책은 로마 황제 마르쿠스 아우렐리우스의 개인 일기다. 그는 내 인생을 완전히 바꿔 놓았다. 아마도 그는 그가 살았던 당시 지구상에서 가장 강력한 인간이었을 것이다. 물론 그는 자신에게 쓴 일기가 훗날 출판되리라고는 전혀 예상하지 못했을 것이다. 이 책을 펼치면 지구상에서 가장 강력한 인간이었던 그도 우리와 똑같은 문제와 똑같은 정신적 어려움을 겪었다는 것을 알게 된다. 그는 로마의 황제였지만 더 나은 사람이 되려고 부단히 노력했다. 여기에서 우리는 성공과 권력이 우리의 내면까지는 개선하지 못한다는 것을 알게 된다. 우리가 사회적으로 어떤 위치에 있든지 우리는 여전히 더 나은 사람이 되기 위해 노력해야 한다.[6]

『**인생이 달린 것처럼 자신을 사랑하라**』(Love Yourself Like Your Life Depends on It), 카말 라비칸트Kamal Ravikant

내 동생인 카말 라비칸트가 쓴 이 책을 읽고 든 느낌은 책이 아주 간결하게 쓰였다는 것이다(맞다, 내 동생에 대한 칭찬이다). 그는 우리 가문이 배출한 철학자다. 나는 단지 아마추어일 뿐이다. 이 책에는 다음과 같은 훌륭한 구절이 있다:

> 한번은 스님에게 어떻게 평화를 찾았는지 물었다.
> 스님이 대답했다. "나는 늘 '네'라고 대답합니다. 어떤 일이 일어나든 '네'라고 말하지요."[7]

『**세네카의 도(道): 금욕주의 스승이 남긴 실용적인 편지**』(The Tao of Seneca: Practical Letters from a Stoic Master)

내가 가장 많이 듣는 오디오북이자 내가 들어본 것 중 가장 소중한 오디오북이다.

『**마음을 바꾸는 방법**』(How to Change Your Mind, 소우주, 2021), 마이클 폴란 Michael Pollan

나는 이 책이 우리 모두 읽어야 할 훌륭한 책이라고 생각한다. 이 책은 환각제가 자기 관찰에 있어서 일종의 치트 코드(Cheat code, 컴퓨터 게임을 더 쉽게 할 수 있게 해 주는 코드) 역할을 한다고 설명한다. 물론 나는 누구에게도 마약을 권장하지 않는다.

우리가 환각제를 통해 얻고자 하는 목적은 모두 순수한 명상을 통해서도 가능하다.[74]

『**물이 되어라, 친구여**』(Striking Thoughts: Bruce Lee's Wisdom for Daily Living, 필로소픽, 2018), 이소룡

생소하게 들리겠지만 이소룡은 훌륭한 철학책을 썼다. 이 책은 그의 철학 일부를 잘 요약한 책이다.

『**예언자**』(The Prophet), 칼릴 지브란Kahlil Gibran

이 책은 현대의 시적 종교 경전처럼 읽히는 책이다. 바가바드 기타 (Bhagavad Gita, 힌두교의 주요 성전 중 하나), 도덕경, 성경, 코란처럼 말이다. 종교성과 진실성이 강렬하게 느껴지는 문체로 쓰였지만, 실제로는 매우 친근하고 아름다우며 초교파적이자 무종파적이다. 나는 이 책을 매우 좋아한다.

그는 아이들이 어떤 모습을 하고 있는지. 연인은 어떤 모습을 한 사람인지, 결혼은 어떻게 해야 하는지, 적과 친구를 어떻게 대해야 하는지, 돈을 어떻게 다루어야 하는지, 동물을 먹기 위해 죽여야 할 때마다 무슨 생각을 할 수 있는지를 시적으로 묘사하는 재능이 있다.

나는 이 책이 다른 위대한 종교 서적들처럼, 삶의 주요 문제에 접근하는 방법에 대해 매우 깊고 철학적이며 진실한 답을 제공한다고 생각한다. 종교가 있는 사람이든 없는 사람이든 누구에게나 이 책을 강력히 추천한다. 당신이 기독교인이든, 힌두교도든, 유대인이든, 무신론자이든 상관없다. 정말 아름다운 책이며 꼭 읽을 가치가 있다고 생각한다.[7]

공상과학

나는 만화책과 공상과학으로 책 읽기를 시작했고, 역사와 뉴스에 빠져 들었다가 다음에는 심리학, 대중과학, 기술 분야로 발전해 나갔다.

『**픽션들**』(Ficciones, 민음사, 2011), 호르헤 루이스 보르헤스Jorge Luis Borges

나는 아르헨티나 작가 호르헤 루이스 보르헤스를 좋아한다. 그의 단편 소설집 『**픽션들**』(⟨미로⟩ Labyrinths라고도 함)은 놀랍다. 보르헤스는 철학이라고 대놓고 말하지는 않지만 가장 철학적인 작가일 것이다. 그의 공상과학에는 철학이 들어 있다.[1]

『**당신 인생의 이야기**』(Stories of Your Life and Others, 행복한 책읽기, 2004), 테드 창Ted Chiang

내가 현재 가장 좋아하는 공상과학 단편 소설은 아마도 테드 창의 ⟨이해⟩(Understand)일 것이다. 그 소설집 『**당신 인생의 이야기**』에 수록되어 있다. 이 책은 2014년에 ⟨컨택트⟩(Arrival)라는 제목으로 영화화 되었다.[1]

『**숨**』(Exhalation), 테드 창

우리 시대 최고의 공상과학 단편 소설 작가가 펼치는 열역학의 경이로움을 감상할 수 있다.

『**소프트웨어 객체의 생애 주기**』(The Lifecycle of Software Objects), 테드 창

테드 창의 또 다른 공상과학 걸작이다.

『**스노 크래시**』(Snow Crash, 북스캔, 2008), 닐 스티븐슨Neal Stephenson

정말 놀라운 책이다. 이와 견줄 수 있는 책은 없다. 단연 독보적이다. 닐 스티븐슨의 작품 중에는 『**다이아몬드 시대**』(The Diamond Age, 그리폰북스, 2003)라는 소설도 있다.

『**마지막 질문**』(The Last Question), 아이작 아시모프Isaac Asimov

나는 『**마지막 질문**』을 자주 인용한다. 어렸을 때 매우 좋아했던 책이다.

요즘 다시 읽고 있는 책들로는 어떤 것들이 있나요?

좋은 질문이다. 이야기하는 동안 아마존의 킨들 앱Kindle app을 불러보자. 최근에 르네 지라르René Girard의 모방 이론(mimetic theory)에 관한 책을 읽고 있다. 아직 끝까지 다 읽지 못했기 때문에 개요만 파악했을 뿐이다. 또 팀 페리스가 훌륭한 성과를 낸 많은 사람으로부터 배운 내용을 담은 『**타이탄의 도구들**』(Tools of Titans, 토네이도, 2022)도 읽고 있다.

『**열전소복잡성**』(Thermoinfocomplexity, 생명의 기원과 복잡한 적응 시스템의 진화에 대한 포괄적 이론)이라는 책을 읽고 있다. 내 친구인 베흐자드 모히트Behzad Mohit가 쓴 책이다. 최근에는 『**사전 설득: 영향력을 미쳐서 설득시킬 수 있는 혁명적 방법**』(PreSuasion: A Revolutionary Way to Influence and Persuade) 읽기를 끝냈는데, 로버트 치알디니가 쓴 이 책은 사실 대충 훑어봤다고 해

나발 라비칸트의 부와 행복의 원칙

야 맞을 것이다. 요점을 이해하기 위해 책 전체를 읽을 필요는 없다고 생각하는데, 나는 내가 좋아하는 방식으로 책을 읽는 것이 여전히 좋다. 부피는 작지만 아주 훌륭한 역사책이다.

지금은 윌 드런트의 『**철학 이야기: 위대한 철학자들의 삶과 생각**』(The Story of Philosophy: The Lives and Opinions of the Great Philosophers)을 읽고 있다. 또 아이가 생기고 나니 다른 책들보다는 자녀 양육에 참고 자료로 활용할 수 있는 책들을 많이 읽는다. 최근에는 에머슨Emerson과 체스터필드Chesterfield, 레오 톨스토이Leo Tolstoy의 책들을 읽었다.

동서양의 철학을 융합한 철학자 앨런 와츠Alan Watts, 만화가 스콧 애덤스의 책도 좋아한다. 최근에는 스콧 애덤스의 『**신의 잔해: 생각 실험**』(God's Debris: A Thought Experiment)을 다시 읽었다. 내 친구가 『**도덕경**』을 읽는 것을 보고 나도 그 책을 다시 집어 들었다. 이 외에도 읽을 책은 수없이 많다. 앞으로도 계속해서 읽어야 한다. 그중에는 니체의 책도 있고, 팀 하포드Tim Harford의 『**경제학 콘서트**』(The Undercover Economist, 웅진지식하우스, 2022), 리처드 바크Richard Bach의 『**환상: 어느 마지못한 메시아의 모험**』, (온마음, 2022), 그리고 제드 맥케나의 책 등이 있다.

또 데일 카네기의 문고판 책들, 류츠신(Liu Cixin, 劉慈欣)의 『**삼체**』(The Three-Body Problem, 자음과 모음, 2022), 빅터 프랭클Viktor E. Frankl의 『**죽음의 수용소에서**』(Man's Search for Meaning, 청아출판사, 2021), 크리스토퍼 라이언Christopher Ryan의 『**왜 결혼과 섹스는 충돌할까**』(Sex at Dawn, 행복포럼, 2011) 등 많은 책이 있다.

그런데 내가 어떤 책을 읽고 있다고 누군가에게 말할 때, 사실 그 책의 3분의 2 정도를 건너뛰는 일도 있다. 그 이유는 황당한 내용이기 때문이다. 적어도 내가 생각하기에는 사소하거나 어리석게 들린다. 그래도 무슨 상관인가? 나는 다른 사람들이 쓰레기라고 생각하거나 비난한 책들도 많이 읽어 보았다. 마음을 혼란스럽게 만드는 책도 읽어 보았다. 하지만 내가 읽은 모든 것을 사람들에게 다 말할 필요는 없다고 생각한다.[4]

> 나는 책을 사는 데 늘 많은 돈을 쓰지만 그 돈을 비용으로 생각한 적이 없다. 그것은 나에게 비용이 아니라 투자다.[4]

블로그

(Navalmanack.com에 들어가면 이 장의 디지털 버전을 볼 수 있다.)

몇 가지 놀라운 블로그들이 있다:

@KevinSimler-Melting Asphalt, https://meltingasphalt.com/

@farnamstreet-Farnam Street, A Signal in a World Full of Noise, https://fs.blog/

@benthompson-Stratchery, https://stratechery.com/

@baconmeteor-Idle Words, https://idlewords.com/ [4]

@FarnamStreet의 "멍거의 운영 체계: 정말로 의미 있는 삶을 사는 방법"(The Munger Operating System: How to Live a Life That Really Works) — 살아가면서 지켜야 할 규칙들

나발 라비칸트의 부와 행복의 원칙

스콧 애덤스의 블로그 '당신이 더 나은 작가가 된 날'

나는 글쓰기를 잘하고 어렸을 때부터 글을 많이 써왔지만, 중요한 글을 쓸 때면 여전히 블로그 게시물을 열고 보이지 않는 곳에 임시 저장해 둔다. 이것은 아주 좋은 방법이다. 나는 이 방법을 글을 잘 쓰기 위한 기본 템플릿으로 사용한다.

스콧 애덤스가 자신의 블로그 게시물에 '당신이 더 나은 작가가 된 날'이라는 제목을 붙여 놓은 것을 생각해 보라. 정말 강력한 제목이지 않은가?

이 작은 블로그 게시물에서 그는 예기치 못한 표현의 중요성, 헤드라인의 중요성, 간략하고 직설적인 표현의 중요성, 형용사와 부사 사용 금지, 능동태 사용 등을 가르쳐 준다. 당신이 자존심을 내려놓고 그의 가르침을 제대로 따른다면, 당신의 글쓰기 스타일을 완전히 바꿀 수 있을 것이다.[6]

10분 안에 더 똑똑해지고 싶은가?
케빈 심러Kevin Simler의 블로그 '멜팅 아스팔트Melting Asphalt'에 있는 '패거리 믿음'(Crony Beliefs, 사회적 정치적 이익에 대한 믿음)을 읽어 보라.

블로그 @eladgil의 '진로 의사 결정'(Career Decisions)(실리콘 밸리/기술 회사에서)은 내가 읽은 최고의 블로그 게시물이다.

하라리의 사피엔스는 유튜브에서도 강의/강좌 형식으로 제공된다.

모든 경영대학원에는 집합이론(Aggregation Theory) 과정이 있다. 기술 분야의 최고 분석가가 직접 운영하는 블로그 @benthompson에서 직접 배워도 좋을 것이다.

인공지능 전문가 엘리저 유드코프스키Eliezer Yudkowsky의 블로그 게시물 '현실처럼 생각하라'(Think Like Reality)에서 "이상한 건 양자 물리학이 아니라 바로 당신이다."라고 말한다. 멋진 글이다.

@Awilkinson의 블로그 '게으른 리더십'(Lazy Leadership)도 꼭 읽어 보아야 할 글이다.

@EdLatimore 사이트의 모든 게시물에는 자수성가한 사람의 거침없는 지혜가 담겼다. 기대 이상의 성과를 바라는 사람들은 꼭 읽어 볼 가치가 있다: https://edlatimore.com/

> 뉴스가 하라는 대로 먹고, 투자하고, 생각한다면, 결국 영양적으로, 재정적으로, 도덕적으로 파산하고 말 것이다.

기타

트위터(X) 계정:

@AmuseChimp(내가 가장 좋아하는 트위터 계정)

@mmay3r

@nntaleb

Art De Vany (페이스북 계정)

천재는 모든 곳에 있지 않고 바로 여기에 있다.[4]

필독(@zaoyang이 운영하는 '지적 합성' intellectual compounding이라는 주제의 트위터 게시물)[11]

트위터에는 좋은 만화 형식의 소설도 많다. 당신이 만화적인 요소에 거부감이 없다면 『트랜스메트로폴리탄Transmetropolitan』(워런 엘리스 Warren Ellis), 『더 보이즈The Boys』(가스 에니스Garth Ennis), 『플래니터리Planetary』(워런 엘리스), 『샌드맨The Sandman』(닐 게이먼Neil Gaiman) 등을 보면 좋을 것이다. 이 중 일부는 단연 우리 시대 최고의 작품들이다. 나 역시 어릴 때부터 만화를 보며 자랐기 때문에 어쩌면 이런 만화 작품에 대해 편향적으로 생각하고 있을 수도 있다.[1]

〈릭 앤 모티〉(Rick and Morty, TV 프로그램+만화책)

최고의 텔레비전 쇼다(물론 내 개인 생각이지만). 첫 번째 에피소드만 봐도 알 수 있다. 영화 〈백 투 더 퓨쳐〉(Back to the Future)와 『은하수를 여행하는 히치하이커를 위한 안내서』(The Hitchhiker's Guide to the Galaxy)를 합친 것 같다. 잭 고먼Zac Gorman이 그린 릭 앤 모티 만화 버전도 텔레비전 쇼 못지않게 영리하다.

리처드 해밍Richard Hamming의 강연 원고 〈위대한 성과를 만든 사람들의 공통점〉(You and Your Research)

아름다운 에세이로 꼭 읽어 보길 권한다. 겉으로만 보면 과학 연구에 종사하는 사람들을 위한 강의 같지만 모든 사람에게 적용된다고 생각한다. 훌륭한 일을 수행하는 방법에 대한 노교수의 에세이다. 나는 이 글을 읽고 리처드 파인먼의 말이 많이 생각났다. 어쩌면 해밍이 파인먼보다 더 설득력 있게 표현했는지도 모른다.[74]

나발의 글

인생 공식 I (2008)

이 글은 나 자신을 위한 메모다. 당신의 기준과 계산은 다를 수 있다. 아래 공식들은 개념에 대한 정의가 아니라 성공을 위한 알고리즘이다.

> → 행복 = 건강 + 부 + 좋은 인간관계
> → 건강 = 운동 + 다이어트 + 수면
> → 운동 = 고강도 저항운동 + 스포츠 + 휴식
> → 다이어트 = 자연식품 + 간헐적 단식 + 식물
> → 수면 = 알람 지우기 + 8~9시간 + 일주기 리듬
> → 부 = 소득 + 부 * (투자수익률)
> → 소득 = 책임 + 지렛대 + 특화된 지식
> → 책임 = 개인 브랜딩 + 개인 플랫폼 + 위험 감수?
> → 지렛대 = 자본 + 사람 + 지적 재산권
> → 특화된 지식 = 사회가 아직 다른 사람을 쉽게 훈련할 수 없는 일을 하는 방법을 아는 것
> → 투자수익률 = 매수 후 보유 + 가치평가 + 안전 한도[72]

나발의 규칙 (2016)

> → 무엇보다도 현재를 살아라.
> → 욕망은 괴로움이다. (부처)
> → 분노는 다른 사람에게 던지기 위해 손에 뜨거운 석탄을 쥐고 있는 것과 같다. (부처)

→ 평생토록 함께 일할 수 없는 사람이면, 하루 동안이라도 그 사람과 일하지 마라.

→ 읽기(배우기)는 최상의 기술이며 이를 터득하면 무엇이든 얻을 수 있다.

→ 인생의 모든 실질적인 이익은 복리에서 나온다.

→ 돈은 시간이 아니라 마음으로 버는 것이다.

→ 노력의 99퍼센트는 낭비된다.

→ 늘 온전한 정직을 추구하라. 우리는 늘 정직하고 긍정적인 생각을 할 수 있다.

→ 칭찬은 구체적으로, 비판은 개괄적으로. (워런 버핏)

→ 진실은 예측력을 갖고 있다.

→ 모든 생각을 경계하라. ("내가 왜 이런 생각을 하고 있지?"라고 자문하라.)

→ 모든 위대함은 고통에서 나온다.

→ 사랑은 받는 것이 아니라 주는 것이다.

→ 깨달음은 생각 사이의 공간이다. (에크하르트 톨레)

→ 수학은 자연의 언어다.

→ 모든 순간은 그 자체로 완전해야 한다.[5]

인생에서 중요한 것은 건강, 사랑, 사명 순이다. 다른 것은 중요하지 않다.

나발에 대해 더 알고 싶다면

이 책이 마음에 들었다면 나발에 대해 더 깊이 알아볼 방법이 많이 있다. Navalmanack.com에 들어가면 'Navalmanack'이라는 동영상 코너를 만들어 놓았다. 이 동영상들은 책에서 편집되었다. 다음 주제에 대한 나발의 통찰력에 대해 더 관심이 있는 사람들을 위해 온라인에도 이 동영상들을 올려놓았다.

→ 교육
→ 엔젤리스트 이야기
→ 투자
→ 스타트업
→ 암호화폐
→ 인간관계

나발은 앞으로도 트위터, 팟캐스트, 웹사이트를 통해 계속 훌륭한 통찰력을 보여주고 공유할 것이다.
→ 트위터: Twitter.com/Naval
→ 팟캐스트: Naval
→ 웹사이트: https://nav.al/

킨들 전자책의 인용구들을 관리해 주는 웹사이트 Readwise.io에 들어가면 Readwise.io/naval에서 이 책의 발췌 모음집을 볼 수 있다. 또 이 책에서 읽은 개념을 오랫동안 기억할 수 있도록 이 책의 주요 발췌 내용이 포함된 이메일을 받아볼 수 있다.

잭 버처Jack Butcher의 일러스트가 마음에 든다면 Navalmanack.com에서 나발의 아이디어에 대한 더 많은 일러스트를 볼 수 있고, VisualizeValue.com에 들어가면 그의 작품을 더 찾아볼 수 있다.

감사의 말

감사할 일도 감사드릴 사람도 정말 많습니다. 이 책을 만드는 데 기여한 모든 사람을 생각하면 나는 매우 행복합니다. 오스카상 수상 소감을 쓰듯 감사의 글을 써 봅니다.

자신의 어록을 책으로 만들어 보겠다며 접근한, 잘 알지도 못하는 사람의 제안을 믿어 준 나발에게 심심한 감사를 드립니다. 이 모든 일이 어설픈 트윗으로 시작되었다가 당신이 신뢰와 지지를 보내준 덕분에 대단한 일이 되었습니다. 당신의 대응, 관대함, 신뢰에 다시 한번 감사드립니다.

바박 니비에게 진심으로 감사드립니다. 그는 지금까지 내가 받아 본 가장 간결하고 정확한 글쓰기 조언을 해 주었습니다. 또한 이 책을 더 좋게 만드는 데 아낌없이 시간을 투자해 주었습니다. 또 자신의 철칙을 깨고 이 책의 서문을 써준 팀 페리스에게 감사드립니다. 이 프로젝트에 팀이 참여해 준 것만으로도 내게 큰 의미가 있으며, 더 많은 사람이 나발의 지혜를 찾는 데 도움이 되리라 확신합니다.

이 책의 핵심 골격을 이루는 주요 질문들은 셰인 패리시, 조 로건, 사라 레이시, 팀 페리스 같은 작가들의 훌륭한 인터뷰에서 발췌한 것입니다. 이 인터뷰를 위해 그들이 기울인 모든 노력에 진심으로 감사드립니다. 이 책을 만들면서 우리는 이들이 수행한 작업에서 깊이 배울 기회를 얻게 되었습니다.

이 책의 삽화를 만드는 데 엄청난 재능을 발휘해 준 잭 버처에게도 감사의 말씀을 드립니다. 비주얼라이즈 밸류(Visualize Value, 잭 버처가 운영하는 회사 및 유튜브 명칭)에서 그가 보여준 작업은 내게는 천재로 보일 만큼 충격적이었고, 이 책에서 그의 삽화를 볼 수 있다는 것은 우리 모두 행운입니다.

내가 이 책을 쓸 수 있는 자리까지 오게 된 것은 전적으로 부모님의 노력과 희생 덕분입니다. 부모님은 내가 하는 모든 일의 기초를 세워주셨으며 나는 그것을 결코 잊지 못할 것입니다. 이 프로젝트에서도 '의심나는 것은 그냥 지나치지 않고 반드시 확인한다'는 우리 가족의 관행이 그대로 반영되었습니다.

한 여성의 몸으로 사랑과 격려를 아끼지 않은 지닌 사이들Jeannine Seidl에게 감사드립니다. 그녀는 긍정, 인내, 좋은 조언의 끝없는 샘입니다. 이 책을 쓰는 동안 내 사기를 북돋아 주었습니다.

훌륭한 편집자로서 이 프로젝트를 위해 최선을 다해 준 캐슬린 마틴Kathleen Martin에게 감사드립니다. (그리고 우리를 소개해 준 데이비드 페렐David Perell에게도 감사의 말을 전합니다.)

쿠살 쿨라라트네Kusal Kularatne의 노고에 감사드립니다. 처음부터 나를 믿어 준 초기 독자였고, 이 프로젝트가 아직 취약했을 때부터 큰 도움이 되었습니다. 맥스 올슨Max Olson, 에밀리 홀드먼Emily Holdman, 테일러 피어슨Taylor Pearson에게 감사드립니다. 이들은 이 책을 만들고 출판하는 과정 전반에 걸쳐 큰 도움을 준 훌륭한 친구들입니다. 이들이 없었다면 나는 아직도 인터넷 검색을 하면서 혼자 헤매고 있었을 것입니다.

귀중한 시간을 할애해 현명한 조언을 해 준 초기 독자들에게 감사드립니다. 여러분 모두 이 책에 크나큰 공헌을 했으며, 여러분이 없었다면 이 책은 태어나지 못했을 것입니다. 앤드류 파라Andrew Farah, 트리스탄 홈시Tristan Homsi, 다니엘 도욘Daniel Doyon, 제시 제이콥스Jessie Jacobs, 진 오코너Sean O'Connor, 애덤 왁스맨Adam Waxman, 카일란 페리Kaylan Perry, 크리스 퀸테로Chris Quintero, 조지 맥George Mack, 브렌트 베쇼어Brent Beshore, 셰인 패리쉬Shane Parrish, 테일러 피어슨Taylor Pearson, 벤 크레인Ben Crane, 캔디스 우Candace Wu, 셰인 맥Shane Mac, 제시 파워스Jesse Powers, 트레버 맥켄드릭Trevor McKendrick, 데이비드 페렐David Perell, 나탈라 콘스탄틴Natala Constantine, 벤 잭슨Ben Jackson, 노아 매든Noah Madden, 크리스 길렛Chris Gillett, 메간 다넬Megan Darnell, 잭 앤더슨 페테트Zach Anderson Pettet.

이 책에 영감을 준 여러 작가와 제작자들에게 감사드립니다. 내가 이 책을 만들고 공유하려는 작업을 추진할 수 있었던 것도, 그분들의 책이 내 삶을 변화시키는 영향을 미친 것에 대한 감사의 마음에서 비롯된 것입니다. 그중 몇 가지만 언급하자면 다음과 같습니다:

→ 피터 카우푸먼이 편집한 『가난한 찰리의 어록』(찰리 멍거의 어록)

→ 블레이크 마스터스Blake Masters의 『제로 투 원』(Zero to One, 한경비피, 2014) (피터 티엘의 강연)

→ 피터 베블린Peter Bevelin의 『지혜를 찾아서 - 다윈부터 멍거까지』 (Seeking Wisdom from Darwin to Munger)(버핏과 멍거에 관한 연구)

→ 맥스 올슨이 편집한 『버크서 헤서웨이가 주주에게 보내는 편지』 (Berkshire Hathaway Letters to Shareholders)(버핏에 관한 연구)

→ 레이 달리오Ray Dalio가 쓴 『원칙』(Principles, 한빛비즈, 2018)

이 책들을 일찌감치 진지하게 검토해 준 '스크라이브(Scribe)' 팀에 감사드립니다. 잭 오브론트Zach Obront는 환상적인 조언을 제공해 주었고 할 클리포드Hal Clifford는 인내심 있고 끈기 있는 편집자입니다. '스크라이브'를 창업하고 훌륭한 팀원들을 고용해 이 프로젝트에 개인적인 관심과 노력을 쏟은 터커 맥스Tucker Max에게 감사드립니다. 내 비위를 맞추는 것보다 좋은 책을 만들려고 노력하는 그의 의지에 경의를 표합니다. 터커 맥스는 내가 좋은 일을 할 것이라고 믿어 주었습니다. 보Bo와 '잘리Zaarly'의 모든 팀의 노고에 감사드립니다. 그들은 내가 이 책을 붙들고 씨름하는 동안 인내심과 은혜를 베풀어 주었습니다.

이 프로젝트를 진행하는 동안 내내 나를 지지하고 격려해 준 많은 친구와 내가 직접적으로는 알지 못하는 온라인상 많은 사람의 성원을 잊지 못할 것입니다. 내 메일함에는 친절한 격려 메시지와 열정적인 문의가 넘쳐났습니다.

이 책을 만드는 데 걸린 수천 시간 동안 여러분의 에너지는 내가 이 일을 완수하는 데 큰 도움이 되었습니다. 이 책을 여러분에게 바칩니다. 여러분의 모든 행동에 감사드립니다.

인용 부호 출처

[1] Ravikant, Naval. "Naval Ravikant Was Live." Periscope, January 20, 2018. https://www.pscp.tv/w/1eaKbqrWloRxX.

[2] Ravikant, Naval. "Naval Ravikant Was Live." Periscope, February 11, 2018. https://www.pscp.tv/w/1MnGneBLZVmKO.

[3] Ferriss, Tim. Tribe of Mentors: Short Life Advice from the Best in the World. New York: Houghton Mifflin Harcourt, 2017. https://amzn.to/2U2kE3b.

[4] Ravikant, Naval and Shane Parrish. "Naval Ravikant: The Angel Philosopher." Farnam Street, 2019. https://fs.blog/naval-ravikant/.

[5] Ferriss, Tim. Tools of Titans: The Tactics, Routines, and Habits of Billionaires, Icons, and World-Class Performers. New York: Houghton Mifflin Harcourt, 2016.

[6] Ferriss, Tim. "The Person I Call Most Often for Startup Advice (#97)." The Tim Ferriss Show, August 18, 2015. https://tim.blog/2015/08/18/the-evolutionary-angel-naval-ravikant/.

[7] Ferriss, Tim. "Naval Ravikant on the Tim Ferriss Show— Transcript." The Tim Ferriss Show, 2019. https://tim.blog/naval-ravikant-on-the-tim-ferriss-show-transcript/.

[8] Killing Buddha Interviews. "Chief Executive Philosopher: Naval Ravikant On Suffering and Acceptance." Killing Buddha, 2016. http://www.killingbuddha.co/blog/2016/2/7/naval-ravikant-ceo-of-angellist; "Chief Executive Philosopher: Naval Ravikant On the Skill of Happiness." Killing Buddha, 2016. http://www.killingbuddha.co/blog/2016/2/10/chief-executive-philosopher-naval-onhappiness-as-peace-and-choosing-your-desires-carefully; "Chief ExecutivePhilosopher: Naval Ravikant On Who He Admires." Killing Buddha, 2016. http://www.killingbuddha.co/blog/2016/2/19/naval-ravikant-on-who-he-admires; "Chief Executive Philosopher: Naval Ravikant On the Give and Take of the Modern World." Killing Buddha, 2016. http://www.killingbuddha.co/blog/2016/2/23/old-bodies-in-a-new-world; "Chief Executive Philosopher: Naval Ravikant On Travelling Lightly." Killing Buddha, 2016. http://www.killingbuddha.co/blog/2016/9/19/naval-ravikant-on-travelling-lightly; "Naval Ravikant on Wim Hof, His Advice to His Children, and How He Wants to Look Back on His Life." Killing Buddha, 2016. http://www.killingbuddha.co/blog/2016/12/28/naval-ravikant-on-advice-to-his-children.

[9] DeSena, Joe. "155: It's All About Your Desires, Says AngelList Founder Naval Ravikant." Spartan Up!, 2019. https://player.fm/series/spartan-up-audio/155-its-all-about-your-desires-says-angel-list-

founder-navalravikantunder-naval-ravikant.

[10] "Naval Ravikant was live." Periscope, April 29, 2018. https://www.pscp.tv/w/1lDGLaBmWRwJm.

[11] Ravikant, Naval. Twitter, Twitter.com/Naval.

[12] Naval Ravikant, "What the World's Smartest People Do When They Want to Get to the Next Level," interview by Adrian Bye, MeetInnovators, Adrian Bye, April 1, 2013. http://meetinnovators.com/2013/04/01/naval-ravikant-angellist/.

[13] "Episode 2—Notions of Capital & Naval Ravikant of Angellist," Origins from SoundCloud. https://soundcloud.com/notation-capital.

[14] "Naval Ravikant—A Monk in Silicon Valley Tells Us He's Ruthless About Time." Outliers with Panjak Mishra from Soundcloud, 2017. https://soundcloud.com/factordaily/ep-06-naval-ravikant-angellis.

[15] Ravikant, Naval and Babak Nivi. "Before Product-Market Fit, Find Passion-Market Fit." Venture Hacks, July 17, 2011. https://venturehacks.com/articles/passion-market.

[16] Cohan, Peter. "AngelList: How a Silicon Valley Mogul Found His Passion." Forbes, February 6, 2012. https://www.forbes.com/sites/petercohan/2012/02/06/angellist-how-a-silicon-valley-mogul-found-his-passion/#729d979bbbe6.

[17] Ravikant, Naval. "Why You Can't Hire." Naval, December 13, 2011. https://startupboy.com/2011/12/13/why-you-cant-hire/.

[18] Ravikant, Naval. "The Returns to Entrepreneurship." Naval, November 9, 2009. https://startupboy.com/2009/11/09/the-returns-to-entrepreneurship/.

[19] Ravikant, Naval. "Build a Team That Ships." Naval, April 27, 2012. https://startupboy.com/2012/04/27/build-a-team-that-ships/.

[20] Ravikant, Naval. "The 80-Hour Myth." Naval, November 29, 2005. https://startupboy.com/2005/11/29/the-80-hour-myth/.

[21] Ravikant, Naval. "The Unbundling of the Venture Capital Industry." Naval, December 1, 2010. https://startupboy.com/2010/12/01/the-unbundling-of-the-venture-capital-industry/.

[22] Ravikant, Naval. "Funding Markets Develop in Reverse." Naval, December 1, 2010. https://startupboy.com/2010/12/01/funding-markets-develop-in-reverse/.

[23] Nivi, Babak. "Startups Are Here to Save the World." Venture Hacks, February 7, 2013. https://venturehacks.com/articles/save-the-world.

[24] Nivi, Babak. "The Entrepreneurial Age." Venture Hacks, February 25, 2013. https://venturehacks.com/articles/the-entrepreneurial-age.

[25] Ravikant, Naval. "VC Bundling." Naval, December 1, 2005. https://startupboy.com/2005/12/01/vc-bundling/.

[26] Ravikant, Naval. "A Venture SLA." Naval, June 28, 2013. https://startupboy.com/2013/06/28/a-venture-sla/.

[27] Nivi, Babak. "No Tradeoff between Quality and Scale." Venture Hacks, February 18, 2013. https://venturehacks.com/there-is-no-finish-line-for-entrepreneurs.

[30] Ravikant, Naval, "An interview with Naval Ravikant," interview by Elad Gil, High Growth Handbook, Stripe Press, 2019. http://growth.eladgil.com/book/cofounders/managing-your-board-an-interview-with-naval-ravikant-part-1/.

[31] Ferriss, Tim. "Tools of Titans—A Few Goodies from the Cutting Room Floor." The Tim Ferriss Show, June 20, 2017. https://tim.blog/2017/06/20/tools-of-titans-goodies/.

[32] Delevett, Peter. "Naval Ravikant of AngelList Went from Dot-Com Pariah to Silicon Valley Power Broker." The Mercury News, February 6, 2013. https://www.mercurynews.com/2013/02/06/naval-ravikant-of-angellist-went-from-dot-compariah-to-silicon-valley-power-broker/.

[33] Coburn, Lawrence. "The Quiet Rise of AngelList." The Next Web, October 4, 2010. https://thenextweb.com/location/2010/10/04/the-quiet-rise-of-angellist/.

[34] Loizos, Conny. "His Brand Burnished, Naval Ravikant Plans New Fund with Babak Nivi." The PEHub Network, November 5, 2010.

[35] Nivi, Babak. "Venture Hacks Sucks Now, All You Talk About Is AngelList." Venture Hacks, February 17, 2011, https://venturehacks.com/articles/venture-hacks-sucks.

[36] Kincaid, Jason. "The Venture Hacks Startup List Helps Fledgling Startups Pitch Top Angel

Investors." TechCrunch, February 3 2010. https://techcrunch.com/2010/02/03/startuplist-angel-investors/.

[37] Babak, Nivi. "1.5 Years of AngelList: 8000 Intros, 400 Investments, and That's Just the Data We Can Tell You About." Venture Hacks, July 25, 2011. https://venturehacks.com/articles/centi-sesquicentennial.

[38] Smillie, Eric. "Avenging Angel." Dartmouth Alumni Magazine, Winter 2014. https://dartmouthalumnimagazine.com/articles/avenging-angel.

[39] Babak, Nivi. "AngelList New Employee Reading List." Venture Hacks, October 26, 2013. https://venturehacks.com/articles/reading.

[40] Babak, Nivi. "Things We Care About at AngelList." Venture Hacks, October 11, 2013. http://venturehacks.com/articles/care.

[41] Rivlin, Gary. "Founders of Web Site Accuse Backers of Cheating Them." The New York Times, January 26, 2005. https://www.nytimes.com/2005/01/26/technology/founders-of-web-site-accuse-backers-of-cheating-them.html.

[42] PandoDaily. "PandoMonthly: Fireside Chat with AngelList Co-Founder Naval Ravikant." November 17, 2012. YouTube video, 2:03:52. https://www.youtube.com/watch?v=2htl-O1oDcI.

[43] Ravikant, Naval. "Ep. 30—Naval Ravikant—AngelList (1 of 2)." Interview by Kevin Weeks. Venture Studio, 2016.

[44] Sloan, Paul. "AngelList Attacks Another Startup Pain Point: Legal Fees." CNet, September 5, 2012. https://www.cnet.com/news/angellist-attacks-another-startup-pain-point-legal-fees/.

[45] Ravikant, Naval. "Naval Ravikant on How Crypto Is Squeezing VCs, Hindering Regulators, and Bringing Users Choice." Interview by Laura Shin. UnChained, November 29, 2017. http://unchainedpodcast.co/naval-ravikant-on-how-cryptois-squeezing-vcs-hindering-regulators-and-bringing-users-choice.

[46] Ravikant, Naval. "Introducing: Venture Hacks." Naval, April 2, 2007. https://startupboy.com/2007/04/02/introducing-venture-hacks/.

[47] Ravikant, Naval. "Ep. 31—Naval Ravikant—AngelList (2 of 2)." Interview by Kevin Weeks. Venture Studio, 2016.

[48] AngelList. "Syndicates/For Investors." https://angel.co/syndicates/for-investors#syndicates.

[49] Ferriss, Tim. "You'd Like to Be an Angel Investor? Here's How You Can Invest in My Deals..." The Tim Ferriss Show, September 23, 2013. https://tim.blog/2013/09/23/youd-like-to-be-an-angel-investor-heres-how-you-can-invest-in-my-deals/.

[50] Buhr, Sarah. "AngelList Acquires Product Hunt." TechCrunch, December 1, 2016. https://techcrunch.com/2016/12/01/angelhunt/.

[51] Wagner, Kurt. "AngelList Has Acquired Product Hunt for around $20 Million." Vox, December 1, 2016. https://www.recode.net/2016/12/1/13802154/angellist-product-hunt-acquisition.

[52] Hoover, Ryan. "Connect the Dots." Ryan Hoover, May 1, 2013. http://ryanhoover.me/post/49363486516/connect-the-dots.

[53] "Naval Ravikant." Angel. https://angel.co/naval.

[54] Babak, Nivi. "Welcoming the Kauffman Foundation." Venture Hacks, October 5, 2010. http://venturehacks.com/articles/kauffman.

[55] "Introducing CoinList." Medium, October 20, 2017. https://medium.com/@coinlist/introducing-coinlist-16253eb5cdc3.

[56] Hochstein, Marc. "Most Influential in Blockchain 2017 #4: Naval Ravikant." CoinDesk, December 31, 2017. https://www.coindesk.com/coindesk-most-influential-2017-4-naval-ravikant/.

[57] Henry, Zoe. "Why a Group of AngelList and Uber Expats Launched This New Crowdfunding Website." Inc., July 18, 2016. https://www.inc.com/zoe-henry/republic-launches-with-angellist-and-uber-alumni.html.

[58] "New Impact, New Inclusion in Equity Crowdfunding." Republic, July 18, 2016. https://republic.co/blog/new-impact-new-inclusion-in-equity-crowdfunding.

[59] AngelList. "Done Deals." https://angel.co/done-deals.

[60] Ravikant, Naval. "Bitcoin—the Internet of Money." Naval, November 7, 2013. https://startupboy.com/2013/11/07/bitcoin-the-internet-of-money/.

[61] Token Summit. "Token Summit II—Cryptocurrency, Money, and the Future with Naval Ravikant."

December 22, 2017. YouTube video , 32:47. https://www.youtube.com/watch?v=few99D5WnRg.

[62] Blockstreet HQ. "Beyond Blockchain Episode #3: Naval Ravikant." December 5, 2018. YouTube video, 6:01. https://www.youtube.com/watch?v=jCtOHUMaUY8.

[63] Ravikant, Naval. "The Truth About Hard Work." Naval, December 25, 2018. https://startupboy. com/2018/12/25/the-truth-about-hard-work/.

[64] "Live Stories: The Present and Future of Crypto with Naval Ravikant and Balaji Srinivasan." Listen Notes, November 16, 2018.

[65] Blockstack. "Investment Panel: Naval Ravikant, Meltem Demirors, Garry Tan." August 11, 2017. YouTube video, 27:16. https://www.youtube.com/watch?v=o1mkxci6vvo.

[66] Yang, Sizhao (@zaoyang). "1/Why Does the ICO Opportunity Exist at All?" August 19, 2017, 1:43 p.m. https://twitter.com/zaoyang/status/899008960220372992.

[67] Ravikant, Naval. "Towards a Literate Nation." Naval, December 11, 2011. https://startupboy. com/2011/12/11/towards-a-literate-nation/.

[68] Ravikant, Naval. "Be Chaotic Neutral." Naval, October 31, 2006. https://startupboy. com/2006/10/31/be-chaotic-neutral/.

[69] AngelList. "AngelList Year in Review." 2018. https://angel.co/2018.

[70] Ravikant, Naval. "The Fifth Protocol." Naval, April 1, 2014. https://startupboy.com/2014/04/01/the-fifth-protocol/.

[71] "Is Naval the Ravikant the Nicest Guy in Tech?" Product Hunt, September 21, 2015. https://blog. producthunt.com/is-naval-ravikant-the-nicest-guy-in-tech-7f5261d1c23c.

[72] Ravikant, Naval. "Life Formulas I." Naval, February 8, 2008. https://startupboy.com/2008/02/08/ life-formulas-i/.

[73] @ScottAdamsSays. "Scott Adams Talks to Naval…" Periscope, 2018. https://www.pscp.tv/ w/1nAKERdZMkkGL.

[74] @Naval. "Naval Ravikant was live." Periscope, February 2019. https://www.pscp.tv/ w/1nAKEyeLYmRKL.

[75] "4 Kinds of Luck." https://nav.al/money-luck.

[76] Kaiser, Caleb. "Naval Ravikant's Guide to Choosing Your First Job in Tech." AngelList, February 21, 2019. https://angel.co/blog/naval-ravikants-guide-to-choosing-your-first-job-in-tech?utm_campaign=platform-newsletter&utm_medium=email.

[77] PowerfulJRE. "Joe Rogan Experience #1309—Naval Ravikant." June 4, 2019. YouTube video, 2:11:56. https://www.youtube.com/watch?v=3qHkcs3kG44.

[78] Ravikant, Naval. "How to Get Rich: Every Episode." Naval, June 3, 2019. https://nav.al/how-to-get-rich.

[79] Ravikant, Naval. Original content created for this book, September 2019.

[80] Jorgenson, Eric. Original content written for this book, June 2019.

나발 라비칸트의 부와 행복의 원칙